Arturo M. López

El dolor ajeno y otros resabios

MEDIAISLA
Miami, FL 2010

http://mediaisla.net

Primera Edición: enero de 2010

ISBN: 978-1-4357-6079-0
Publicado por: ***mediaIsla editores/lulu.com***
Correo electrónico mediaisla@gmail.com

Portada: ***Danza***
Autor: VICENTE FABRE
Diseño de cubierta: **Praxis Peña**
Diseño interior y maquetación: © ***mediaIsla editores***

Los monos son demasiado buenos
para que el hombre pueda descender de ellos.
Friedrich Nietzsche

A GLORIA
A MAURA
A ELSA

ÍNDICE

El dolor ajeno

PÓRTICO

CON EL MISMO RITMO que los hechos cotidianos que, por su trascendencia, actualidad y alcance se convierten en noticias, se me fueron acumulando estos desahogos.

No los escribí bajo un orden estricto de temas. A estas alturas, he pensado que a muchos de estos desahogos debí extenderlos investigando o indagando en otras fuentes, además de mis propias reflexiones que sobre la marcha he ido cosechando.

En sentido general, pudiera leerse como si fuera una especie de diario no diario, en el que la primera persona, al menos en el sentido singular, no intenta de ninguna manera erigirse como único protagonista de estas quejas casi impotentes.

Tal vez, en cierto modo motivado por lo que dijo el poeta, trato de hacer camino al andar. Y al andar uno puede estar distraído con el paisaje e incluso concentrado por momentos en el camino, y aún así se tropieza. Levantamos los pies y seguimos. Desde luego podemos volver a tropezar, pero le vamos poniendo más cuidado al sendero para que no sea tan frecuente. Habremos caído en algunos momentos, pero tenemos y tendremos la voluntad y la fuerza para levantarnos y caminar. Y no hay dudas.

El autor.

UNO

AQUÍ ESTAMOS DE NUEVO embelesados ante la suprema estupidez enlatada para enterarnos, otra vez, de la operación para salvar vidas. Indiscutiblemente, eso nos compete a todos, porque la sangre de los inocentes que duermen en Gaza o en Tel Aviv nos salpica y, aunque intentemos hacernos de la vista gorda, no podemos huir de su dedo acusador que nos persigue en invierno y llega más allá del verano. ¿Por qué —nos preguntamos—, por qué pesa tan poco la sangre de un niño o de un anciano que intenta correr a ningún lugar en busca de un refugio inexistente? Y volvemos a preguntarnos, ¿por qué se alimentan de sangre los que cosechan odio y nos lo estrujan en la cara en busca del cobarde que somos? Será porque callamos siempre y cuando gritamos nadie nos escucha; en definitiva, la complicidad es el medio del soberbio.

○●○

ME SUBLEVA tanta indiferencia justificada por el egoísmo; me subleva tanta ceguera ante la destrucción consentida de este gramo del universo; me subleva la escandalosa vanidad de muchos privilegiados; me subleva la escasez de amor ante un dolor tan cercano como un niño hambriento o abandonado; me subleva el árbol maltratado por el levantamiento de un monumento a una ajena prosperidad; me subleva y me condena la mirada fija en mi objetivo y que cuando camino aplasto las margaritas del campo; la ausencia permanente en espera de mejores tiempos de la oportunidad que desperdiciamos de consolar el dolor que nos asola, me subleva. Y, más que todo, me subleva que nos acercamos a una partida serena, rodeados de un merecido retiro soñado por todos, pero privilegiando a pocos.

○●○

RECUÉRDAME VANIDAD que tenemos horas contadas, que el espejo siempre compasivo, nos engaña; que cualquier día nos llaman sin preguntarnos si estamos listos para partir. Yo habré leído esto en alguna parte o lo he sentido súbitamente en innumerables ocasiones.

Recuérdame vanidad que estamos de paso por esta vereda, que tenemos fecha de vencimiento, que podemos llenarnos de ti, pero tú, frívola dama, eres como los colores tempraneros de las flores frescas por un día y ya mañana la muerte las visita y sus pétalos ruedan por doquier.

Recuérdame vanidad que hoy podemos disfrutar los infinitos placeres de la vida, pero que en cualquier momento es fácil encontrarse con el dolor y la pena.

Recuérdame vanidad que la fortuna es pasajera y nunca le ha podido ganar tan siquiera una batalla a la muerte, pero que tampoco las penas de la pobreza le provocan compasión por su temprana llegada.

Recuérdame que hoy es cuando tengo que amar a los míos y no mañana, porque a mañana no sabemos si llegaremos.

Recuérdame vanidad que el sol es para los vivos y la luna para enamorados, porque cuando llegue la hora de marcharnos no sabremos si habrá alguna luz que nos ilumine ese oscuro camino.

○●○

LAS TEMPRANAS relaciones con lo vulgar y corriente de este mundo, mal predisponen las intenciones de hurgar en los fascinantes laberintos del pensamiento. Son como piedras pesadas que obstaculizan el camino, el paisaje y el espíritu. Hay que eliminarlos de primera intención para llegar a esas colinas suaves de la reflexión que nos permiten deslizarnos cuesta abajo sin peligros de colisión con esos elementos. En ese momento comenzamos a despojarnos de las abstracciones que juegan también el papel de estorbos. No han nacido de un sueño, ni de una meditación sino de la confrontación con fabricadas emociones cotidianas.

Las emociones procuran llamar nuestra atención siempre deficitaria para niveles más altos. Si las dejamos, se instalan como en su casa y empiezan a proyectarse hacia fuera con la fuerza y la molesta oscuridad de la ignorancia. Para colmo, esa proyección no viene envuelta en papel de regalo, sino en la altisonancia de las ofensas gratuitas; procuran revisar en un instante nuestro pasado y presente además de adjudicar simpatías y preferencias hacia el objetivo que ellos procuran destruir a toda costa.

Nos endosan sus propias frustraciones y fracasos en la búsqueda de un bienestar total que sólo se encuentra en los paraísos privados de todas las creencias. No se trata de destruir lo existente, sino sopesarlo a la luz de la elusiva felicidad individual que se ha procurado vender como el objeto encontrado instantáneamente tras el pago de un servicio o el uso de cualquier cosmético, y todos sabemos que no es así. Descubrimos que no hay tal edén de felicidad. Que ella es medida individualmente y de forma tan caprichosa como el tiempo; que no proviene ni va de un arca vacía a una rebosante de bienes pasajeros o presumiblemente eternos; que se puede pronto saborear y ver partir desde la sensación de bienestar físico a las torturas de una salud precaria.

○●○

¡CUÁNTO tenemos que agradecerle al olvido! ¡De cuantos remordimientos nos libra cada segundo, cada minuto, cada hora, cada día! ¡De cuánto dolor y lágrimas nos protege! Es por eso que aceptamos su veredicto en vida, pese a toda nuestra vanidad y frustraciones: seremos olvidado y no hay remedio para el olvido.

El día a día se encarga de matarnos y proyectar nuevos sueños. Nos perturban la conciencia para que nuestro descanso no lo sea nunca. Y adaptamos nuestra responsabilidad al pequeño ámbito de nuestra conciencia: nada de lo que sucede es nuestra responsabilidad, es de otro. Ausente y lejano. No nos alcanza para tan lejos su tristeza y angustias.

Por eso, las guerras siempre son buenas si mueren los demás, si combaten los demás, si son culpables los demás y, sobre todo, si esa desgracia se padece en casa de los demás...

Por eso es tan bueno el olvido. Aunque paguemos por él. Porque al fin y al cabo hay que pagarles a los que confeccionan las mentiras, las justificaciones, los argumentos. También a los hombres, a los hijos, a los esposos, hasta a las madres de los demás que hacen las guerras por nosotros, los ciudadanos de primera, de segunda o tercera categoría. Espectadores temerosos de ese triste espectáculo con aquellos.

Ellos no podrán olvidar el cuerpecito mutilado de un niño, de un padre, de una madre que no puede explicarse, porque a ella le escogió como blanco la desgracia que debió pagar, única y exclusivamente, quien les robó su tranquilidad.

Los que ejecutaron la orden de guerra al terrorismo lo sabían, pero era muy difícil evitar que en el cumplimiento de ella, cayera por desgracia, sobre las sobadas casualidades. Esas nunca identificadas víctimas civiles de los bombardeos errabundos, aunque provengan de las más sofisticadas tecnologías de algunos de los imperios. Así de aséptico describen los planchados generales los resultados que nos ocultan, porque a la crudeza es mejor ocultarla. Y se sienten de sobra justificados porque la desgracia comenzó primero donde se presumía de una libertad que ha quedado desnuda e indefensa como tantas.

○●○

LA RUTINA lo corroe todo. Ciertas incursiones en mundos desconocidos, nos dan un aliento pasajero antes de que estalle de nuevo la desidia y cierto enojo pasajero con nosotros mismos, de nuevo nos atrapa la rutina. No hay a quien apelar para justificar ese estado.

Comprendemos que eso no nos ayuda en el propósito de aprender nuevas habilidades y llegar alguna vez a ser sabios. Le queremos dejar al subconsciente que sea el actor y motivador principal. En el fondo, como ignoramos qué fuerzas mueven este mundo, sabemos que no funcionará, pero preferimos arriesgarnos a pedir un consejo que provenga de la experiencia y nos haga abandonar sueños utópicos o falsos.

Una aproximación desordenada al absurdo puede ser otra de las causas primarias de este abandono. Tampoco eso se ha discutido mucho y se posponen lecturas que podrían confrontarlas. Consciente de la toma de pelo que es una acumulación frenética parecida a la de los simples coleccionistas opta por detenerla y observar la pesada constitución de una biblioteca algo caótica que podría no alcanzar a leer nunca, porque de los dos extremos el que más imanta es el del acaparamiento.

Hay que aceptar también que la exploración de otras vías algo mercuriales tiene, en estas circunstancias de dificultades, tanta fuerza como el logro de un desubicado futuro de tranquilidad. Eso, sin duda, te retiene algunos escalones debajo de ciertas metas personales. Digámoslo de una vez. Esconderlo sería un ridículo acto de hipocresía, sobre todo, porque es contra uno mismo. Nos damos tiempo para la especulación improductiva y los paseos de nuestros deseos casi primarios por la exhibición más acabada del actual consumismo. Andamos dando tumbos sin saber dónde vamos a caer. Pero las rutinas nos enseñan algo: a no confiarnos de las apariencias. Porque detrás de ellas hay muchas verdades y falsedades.

Pongamos por caso la soberbia y el orgullo propio de quien se cree el único ser inteligente sobre la Tierra. Desde que se multiplicaron y modernizaron los medios de comunicación, el hombre se ha empeñado en calificar o descalificar la existencia de, al menos, un lenguaje único mediante el cual los animales o las plantas se puedan comunicar entre sí.

Sospecha que al menos pueda existir, pero que su incapacidad para comprenderlo o traducirlo, lo burla; entonces, opta por no propagar mucho la especie entre los que, como nosotros, simples seres humanos, careciendo tal vez de un bagaje científico para entenderlo, poseen sin embargo el suficiente sentido común para comprenderlo al instante.

○●○

EL PODER y su persecución son continuos y cotidianos. Variado y monótono, al mismo tiempo, procura alimentarnos con su fascinación y misterio. Casi siempre lo consigue. Ahí estamos rendidos, pletóricos de ganas y con escasas posibilidades. Porque después de todo, ¿para qué sirve el poder? No hay que exaltarse. Conocemos, como todos, lo que se obtiene y, como a un niño un juguete nuevo, cuanto nos complace. Pero para lo oculto, y tal vez verdaderamente importante, no sirve. Lo importante del poder es que puede servir a todos por igual, pero sobre todo a quienes las circunstancias de la vida en sociedad los ha marginado del mínimo bienestar.

Hablamos de la eternidad. El poder no puede crear, ni encontrar el camino de la eternidad. Y es esa eternidad tan prosaica, la de todos los días, con sus buenos y malos pasajes, la que todos queremos alcanzar a cualquier costo, no importa cómo. Hacemos planes para la eternidad, con todo. Nuestras posposiciones están sujetas a ella, porque pretendemos tener todo el tiempo del mundo y eso, como sabemos, es puro malabarismo mental y espiritual. Somos como esa brizna que arrastra el viento de cualquier rincón. Un maravilloso espejismo de vida que pretendemos único e indestructible, pero que todo el entorno nos reprocha esa falta de modestia en una criatura tan frágil como somos, como toda la naturaleza. Lo que quedará de la vanidad del poder son las obras poco valoradas por los contemporáneos, pero que disfrutaran generaciones futuras.

¡Ojo, que nada de esto quita los arranques tronantes y pendencieros de los que se creen escogidos para dirigir siempre, por eso de que el destino también les señaló esa misión! Nuestra primera percepción de todo lo que nos puede hacer sombra es la de someterlo a nuestro orden. No podemos respetar la inviolabilidad del recinto espiritual de cada individuo construido a su modo como el nuestro.

Nuestros juicios se enredan con nuestras ambiciones legitimadas por un derecho mal fundado.

Esos planes de eternidad los tratamos de legitimar con el propósito de que se nos crea bien intencionados. Es uno de esos derechos que nos abrogamos sin someterlo a discusión. Y ninguna tragedia de las que solemos provocar o cuando la naturaleza reacciona nos somete a una reflexión profunda. Todo se queda en lamentos, en el solazarse en la tristeza y el llanto, que de todas formas pasarán. Quedarán pronto en el olvido, como la cita obligada para experimentar con las estadísticas. Y es que el hombre es el peor desmemoriado para consigo mismo. Su llanto pronto pierde motivos que lo puedan explicar. Desde luego, hay excepciones; como en todo. Esos son seres selectos por naturaleza, pero aun así hay mediocres que creen que, para emularlos, siempre cuentan con iguales atributos de inteligencia y carisma. Eso basta para una íntima y penosa frustración.

Todo con el objetivo de continuar su persecución de eternidad, que incluye tragedias y olvidos. Porque no va a optar por evitarlas. A lo más que puede llegar es a sofisticarla y, por consiguiente, los rasgos de crueldad y salvajismo tan propios de otros tiempos, se repiten; pero los mecanismos de ocultamiento son tan eficaces que quedan reservados para los datos de archivos digitales en cualquiera de sus versiones conocidas. De esa forma, el escándalo casi seguro que provocan los restos desperdigados y los indescriptibles efectos de los nuevos instrumentos de matar, es ocultado de manera eficaz por los ejecutores del imperio.

Su mayor eficiencia es mantener la vigencia de imágenes desgastadas de las crueldades atribuidas. Con ello consiguen dos objetivos, a saber: mantienen la actualidad tanto de la necesidad de salir de nuestro "Frankenstein" y el potencial peligro que nos amenaza. Como el tiempo disponible sólo se agota para repetir lo digerible, las saludables discusiones sobre la realidad, de entrada, dejan de serlo. Todos están de acuerdo con la necesidad de agotar los recursos de la muerte, para eliminar ese obstáculo a la no tan recién inaugurada Pax Americana. (La que siempre han pretendido imponer los halcones de cualquier Pentágono). Sin consultar a los observadores expectantes y temerosos del mundo, se procede a ejecutar el mandato de los césares de turno. Después veremos qué queda de todo esto. La ruina individual o colectiva y el declinar inevitable de los protagonistas, que alguna vez creyeron en su propia inmortalidad.

○ ● ○

ESO TIENE LA DESGRACIA, que también pronto se olvida, de igualarnos con aquellos, que han ejecutado contra nosotros su fatídico designio de liquidarnos como los demás, porque su cobardía es la misma que ejecutan los impostores de la verdad. Los impostores rondan por todas partes. No son estáticos. Es lo único que ayuda a descubrirlos. Hay, entre los seres humanos, uno que otro colmado de complejos, un agazapado dictadorzuelo que se solaza en aplicar sus frustradas ambiciones en su entorno. Ahí no hay un despeñadero que lo ponga en peligro. Manipula y lo hace con alegre intención de mejorar lo suyo.

Desprecia el orden y la organización. Se regodea en la indisciplina. Son como los envidiosos, pero mucho más modestos. El envidioso anda envuelto en un vestido lleno de odio, que presume simular elegancia, pero debajo está el escarnio contra todo lo que crea su competidor. Son una especie de semidioses que se autodefinen como los encargados de dirigir la misión de desarrollarnos a su modo. Por supuesto, el mejor. Los adversarios no lo saben, no lo han sabido nunca. Por tanto no deben tener otras oportunidades. El caos, como se define esta realidad, es producto de esa incapacidad ajena. Nuestra capacidad necesita el tiempo y el apoyo para concluir la verdadera obra que es, sin duda alguna, la que realizamos.

El orden perfecto que nos otorga el poder y que podemos reflejar aquí en este folio es el que pretendemos extender a todo lo largo y ancho de los que no compartem nuestro orden. Somos los elegidos de un pueblo casi inexistente, para venir a su rescate. Su discurso se apoya en una tenaz fantasía de fabulaciones que se aferra como la hiedra a un proyecto que nació muerto. ¿Qué es lo que nos sobra? ¿Farsantes, vendidos, charlatanes, traidores? No tenemos médicos de almas. Abunda toda clase de carniceros, visionarios de pacotilla, de improvisadores. Ciertas alternativas resultan sospechosas. No hay más coraje que para la convocatoria al siguiente; a esa farsa de cada cuatro años, en donde se seguirán inmolando sueños colectivos en nombre de la democracia "perfecta". Por suerte la inteligencia no nos abandona del todo y, de vez cuando, sin que nadie se lo proponga surge un hombre de bien, casi de la nada, y nos salva la esperanza; por supuesto, hasta que la estupidez se apodere de las masas desesperadas y el oído esté presto sólo para demagogos e inmorales.

○●○

HAY DOS SENDEROS por lo que solemos caminar: el normal y el que nos receta las circunstancias. Por el sendero normal no pasa nada. Lo que ves ha sido lo de siempre. Sin acentos más que los necesarios. El que les han dictado las circunstancias a los disidentes son tolerables siempre y cuando no resulten en escándalos. Estamos hartos de sus estridencias sin resultados. Acaso no se han cansado con el correr de los años vociferando sueños que no verán cumplirse. Confórmense con existir, pero por favor nada de escándalos. Aquellos los normales, se conocen por su afán de todos los días. Los anormales serán guiados hacia un tratamiento especial. Eso si tengan cuidado de no llamar nuestra atención porque, como le hemos dicho, al primer escándalo los empujaremos al calabozo cerca del cual han tenido que vivir desafiando hasta nuestras sombras, pero estamos muy ocupados siempre para atender no solo sus reclamos imperecederos, sino sus sorpresas soliviantadas.

○●○

NOS VAMOS tras unas notas musicales indescifrables, pero sugestivas. Nada se puede contra su magia. Una, o quién sabe cuántas emociones se manifiestan en nuestro interior. No sabemos si lágrimas o si río, pero hay una cierta humedad que nos confunde. Tal vez debieron partir de nuestros oídos, pero ellas son el instrumento de comunicación que impide a otras emociones ocupar ese lugar en nuestro corazón, la más de las veces confundido por la falsa belleza y la nostalgia.

El conflicto de lo inexistente se marcha sin dejar ni rastro y ni siquiera decir adiós. Todo parece comenzar. Y nos preguntamos si acaso no habremos descubierto alguna forma de creación particular para quienes, como nosotros, los verdaderos obstáculos para estas excursiones del espíritu, son evidentes. No queda claro que tengamos que esperar cuando llega el final de alguna frase, pero continuamos como jinetes sobre una nube que vaga en un mar o un cielo infinito sin obstáculos a la vista, y todo esto incluso cuando percibimos una interrupción de fondo que proviene de lo usual. No nos intimida esa posibilidad en este momento de interrupción, por eso nos confiamos a las palabras, a las limitadas palabras que dominan la combinación de "instrumentos" humanos a nuestra disposición. Digamos nuestras manos y nuestro cerebro. ¡Qué fantástico es el ser humano!

Pero nos cuesta tanto apreciarlo cuando otras urgencias y ambiciones se interponen en nuestro camino. Incluso en un indefinido trayecto hacen su aparición nuestras ruidosas interrupciones. Quieren ganarle siempre la partida a la soledad o al silencio. El silencio es un signo en algunas culturas de todo lo mal que puede andar el ánimo de la gente ante las urgencias cotidianas.

Por otro lado, tal vez, el ruido incontrolable es la señal perpetua de la evasión o del gozo de bondades muy añoradas; esto en algunas, no en todas las culturas. No podemos de pronto convencernos de la necesidad de largos períodos de sufrimientos, errores y gozos en una sociedad para valorar estos instrumentos como necesarios para cierto tipo de creación. Hay que esperar de cualquier modo el juicio del tiempo. Él determinará en qué curso andamos, cuáles luces nos guiarán.

Aunque el caos es evidente, también el producto terminado de la excelencia está presente en alejados o exclusivos rincones, pero ahí está. Por ahí revoletean unos arpegios indescriptibles. Van y vienen como las olas. Su recreación nos pasma con la misma frecuencia.

La pregunta obligada: ¿En cuales otras notas se inspiró su creador?

La respuesta tiene matices. Era su música interior. Con cuáles condimentos fue cocida es otra parte de una pregunta posterior. Cada nota es como un pensamiento que el autor se llevó consigo y nos deja sólo los altibajos de un sentimiento que no puede expresarse en otros lenguajes. Era un sordo de la lengua. Sus manos hablaban con el acompañamiento agónico de unas manos que tratan de correr en un pequeño mar cuadriculado, en blanco y negro tal vez. Los espectadores de su concierto no llegan de golpe. Se maduran con el tiempo.

Necesitan la confrontación con los ruidos cotidianos, esa vulgaridad a la cual nos hemos ido acostumbrando para que el tiempo no nos mate en el silencio absoluto. Es el refugio de los que no pueden escapar sin sacrificio hacia otras orbitas cercanas del placer por conocer. Cada nota es como cada frase de un escritor excelente; contiene los motivos de imágenes e imaginación necesaria para construir mundos muy particulares sin menoscabo de lo que el propio autor ha soñado tal vez expresar. No hay que desesperarse por la vulgar y cuestionada atención de los primeros momentos.

Por ahí se cuela la superstición infantil que, alimentada por la ignorancia de los padres bien intencionados, aleja en un momento clave al alma infantil de un alimento especial e inmaterial, pero tan necesario luego como la leche que nutre el crecimiento. Pero estábamos huérfanos, como ahora, de las guías creíbles y sabias que nos deberían conducir por esas rutas. Por eso hay tantos arrinconados clásicos que nadie sabe quien los trajo y como han llegado a esos rincones olvidados.

Un día, cuando ya su superficie nos trae la corrupción del tiempo, es cuando empezamos a descubrir lo que hubiese sido la gloria de un verdadero primer encuentro. Pero es difícil ser un buen guía de sí mismo en esos primeros caóticos intentos. La vida luego se encarga del resto.

El próximo encuentro siempre será fortuito. Unas lecturas con toda probabilidad accidentales, también nos reprocharán haber llegado tan tarde a esta cita o haber despreciado las tempranas ofertas. Luego, recorrer el camino por donde se nos invita a conocer, se hace arduo porque la lucha nos cansa como el resto de todo lo agónico cotidiano.

○ ● ○

APELAMOS siempre a la totalidad. Nos cobijamos con ese manto para no dejar al descubierto los fracasados intentos. Es un ir y venir constante. Vivimos a sueldo de sus caprichos. La fuente no se ha secado, es que nunca la hemos encontrado. Está donde tiene que estar lo que no es propiedad de todos sino de algunos elegidos. El menosprecio no es en este caso un sentimiento propio, es el consenso callado, pero alcanzado por los que tenemos que medrar en el silencio. Es el engaño. No sé por qué no queremos darnos cuenta: el engaño no es sólo para los enemigos, es también para nosotros. Es su guía, su estrategia para conseguir esos objetivos tan manidos que nadie llega a creer.

○●○

EL ENGAÑO Y EL PODER se dan la mano para guiarnos por este mundo de ajenos salvajismos. Se dan estos momentos en que duda no sólo la mano sino el espíritu. Y ante la escasez nada virtual de la imaginación capaz de sostener el vuelo de un águila, preferimos refugiarnos en las lecturas de los insustituibles. ¿Existen? Con toda probabilidad que no conoces a nadie, pero sospechas que puedes estar cerca de encontrarte con esa suerte. Con qué fuerza nos roba el día a día el perfil del perfecto solitario. El que no necesita de nadie, el que nada le importa. Pero de pronto llegó un contagio de cosas comunes. A esas que deben ser atendidas para no naufragar. Se naufraga de muchas maneras.

○●○

ASÍ SOMOS, inasibles. Nos gusta el buscador incansable, el que nunca da señales de desesperación. Porque nos permite seguir caminando sin rumbo fijo y a nuestro más cómodo paso. Les dejamos la ansiedad a otros, a los que nos observan, a los que no se han fijado su propio rumbo. Que se pierdan esa es su desgracia y no la nuestra. Es como andar entre libros que nunca te decides por leer. Ellos observan tus veleidades. Te murmuran entre sí. Celebres y mediocres. No tienes escapatoria. Estás siendo condenado por jueces implacables.

No se resisten a ese juego y como su dolor no se siente, te seguirán esperando y por qué no, en su silencio reprochándote. Desde luego, cada uno en su dimensión, pero igual lo sentirás. Sabes que alguno pudo haber sido la diferencia en su momento, pero, o lo ignoraste o preferiste arrinconarlo. Ahora te observa como una piedra en el camino con la que nunca ha tropezado tu pie, pero igual puede ser usada por tus enemigos para golpearte a traición o de frente.

Es un arma que no se puede despreciar en un momento de emergencia. Hay que entender que los cansancios y los compromisos nadie lo busca ni lo pide: llegan y se instalan. Pero eso no nos exonera de culpa. Más bien, debe ser el comienzo de una penitencia que no puede esperar mucho para ser cumplida. Te tomará el mismo tiempo que has invertido en su abandono.

○ ● ○

HAY DISPARATES tan serios que no dejan lugar más que para la risa. Empezando contra nosotros mismos. Qué serios y preocupados ante el espejo. Otro corte de pelo no vendría mal para que nuestra estulticia no sea tan pronunciada, nos sugerimos de momento. La hipersensibilidad está más allá de la piel. Está en el aire que respiramos. Se parece a un canto que tuvo la intención de ser siempre una nota de alegría, pero como el público se distraiga un poco, al final andamos golpeándonos con la nostalgia y nos dejamos arrastrar de nuevo a cierta indefinida tristeza o comentado sobre no se sabe cuáles recuerdos u obra mínima inconclusa. Acaso lo somos todos en un momento u otro de nuestra vida, pero es muy arriesgada esa conclusión.

Hay un regusto y suplantamos a muchos, para luego volver al pozo de oscuros pasajes de nuestra vida. Casi enumerados hay ciertos recuerdos que son parte de un folclor muy particular. Lo convocamos con recurrente regularidad cuando Baco invita. No hay que ser un perfecto ejemplo de decadencia, aún los que conservan cierto garbo físico y mental se prestan para esta trampa de la risa. La risa también se burla de nuestro simulado buen humor.

Cuesta no decimos que tanto ni tan poco atrapa por igual un hábito al parecer reservado para excepcionales criaturas pensantes. Ha tiempo que el esfuerzo por pergeñar ciertas ideas en volandas, se ha retirado de una obligación que martillaba nuestro vacío todas las mañanas a partir de un día ya perdido en el recuerdo. Ha asomado de nuevo la nostalgia.

No tiene cara ni da señales, simplemente se cuela como la brisa por las rendijas de nuestra maltratada capa de tiempos pasados. La intención de expulsarla proviene de recientes descubrimientos y citas por otros encontradas en autores que recorrimos como se anda por ciertos caminos supuestamente conocidos: vemos y no vemos sus accidentes. Nos tropezamos muchas veces con la misma piedra, pero no aprendimos del todo done quedan las sombras agradables y las que se mudan cuando comienzan a crecer ciertos árboles en sus orillas.

DOS

¿TIENE MAGIA LA MÚSICA? Su respuesta nos consumiría toda una vida. Con Mozart, ensayamos piezas musicales con nombres desconocidos o por conocer, pero eso sí con melodías y ritmos que repetimos sin cesar en el camino, en la intimidad o cuando nos sorprende el deseo de expresarnos. No es que se abandone a lo que mejor tengamos a nuestra mano, pero la organización del mundo basada en la venta de todo y la compra de todo, hace de cierto tipo de cultura un segmento inalcanzable para algunos y ni siquiera figura en los sueños de muchos por innumerables motivos.

La educación mediocre y manipuladora de nuestros tiempos no nos ha dado oportunidad de justipreciar ese bien intangible. Lo hace a un lado como todo lo que le parece inútil, que puede no ser mucho, pero en el fondo muy significativo; por ejemplo: los libros y las bibliotecas. Los primeros, con sus precios altos, no están de por sí al alcance de la mayoría y, al mismo tiempo, eso los convierte en una especie de mercancía fantasma que, si acaso, se puede encontrar algunos abandonados por el olvido de un lectorpropietario-prestatario descuidado, o porque un medio avisado vendedor lo coloca como mercancía barata en los mercados de pulgas.

Cualquiera lo puede comprobar sin mayores dificultades. A esto agreguemos que la divulgación de un buen contenido es tarea titánica. No es mucha la atención que se le puede dedicar en el cada vez más caro y peleado espacio de los periódicos y revistas. Entonces, el buen y "mal libro" queda a la suerte y bondad de los demás medios de divulgación masiva, como la televisión y la radio que pueden lograr incrementar en todo caso su venta, pero no hay que esperar por ello un aumento verificable de lecturas conscientes, cuando menos. Sin embargo, no todo está perdido en ese aspecto. Ahora, a favor de autores y el libro en sí, ha surgido la Internet, las redes de computadoras por todos conocidas o al menos así se hace creer, que permiten una difusión inmediata e indiscriminada más o menos aceptable, de desconocidos y obras por conocer.

De todos modos, hay que tener en cuenta que existe una limitación. Todavía la red es privilegio de contados millones de personas sobre todo en países desarrollados y no se puede asegurar que ese sea el área que por el momento más les interese visitar y explorar.

Es posible, pero esto es más bien un pronóstico que puede hacerse pedacitos en el futuro. Que los hoy estudiantes de todos los niveles sean los futuros mayores consumidores de la literatura electrónica, para llamarla de alguna manera, tendrá que ser verificable, si tomamos en cuenta que, frente a ella, en su propia esfera y sin señales de que pueda detenerse en cierto momento, crece el video-juego, una fiebre comprobable en cualquier parte por la automatización y casi idiotización de decenas de miles, tal vez millones de adolescentes y uno que otro inmaduro participante que abandonan sus escuelas, o su compostura de adulto muy normal para dirigir su atención a ese mundo de manipulaciones.

Pero todo esto no es más que una preocupación, al parecer, muy exclusiva por y para quienes sienten amor por la lectura y los libros, pero no es tan siquiera una de las más urgentes para enfrentar los escollos que los propios hombres hemos levantado contra nosotros, si partimos de que, aunque hayan marcadas "diferencias" culturales o idiomáticas, en el fondo somos la misma indefensa pero insolente criatura.

Todo puede ejemplificarse. El que se omita una referencia no significa su inexistencia. Los casos están por donde se quiera. Sólo hay que buscarlos y no se tardará en encontrarlos. Baste decirlo de alguna manera para que cada uno mire a su lado y pueda comprobarlo. Aquí va entonces un ejemplo de lo dicho. Es posible citar, con los autores presentes en sus libros o ausentes en todo caso, lo que se ha dicho sobre la ambición de mandar que tantos escondamos en nuestra faltriquera de hombres vivos.

La solución a los problemas sociales, no importa su complejidad y envergadura, pasa porque sólo se nos dé una oportunidad de detentar el poder y, por tanto, mandar. Es decir privilegiar a quienes nos alimentan el ego con los aullidos de lobos salvajes. Esto no tiene límites ni lugar. Anda como un fantasma apoderándose desde nuestros lugares de trabajo hasta el supuesto sacrosanto espacio del hogar.

Por esos lugares físicos y espirituales, andan bandadas de potenciales dictadorzuelos que consuelan sus frustraciones de poder, descargándose a más y mejor con el primero que se encuentran; con el recién llegado, con el inmigrante, con el primer negro en una comunidad de blancos, con el primer blanco en una comunidad de negros, con el primero que apunte a desobedecer nuestras terminantes órdenes para proceder según nuestra caprichosa experiencia.

¡Ah, porque la experiencia —que bien pudo habernos convertidos en un hombre de éxito en todo—, también puede convertirnos en la imagen de un guiñapo que se aferra al poder para descargar a diestra y siniestra, con miradas fulminantes o explosiones verbales contra todo aquel que nos parezca un reflejo de nuestro espejo!

Así vemos que ciertos locos le llaman locos a todos los demás; que el mediocre no quiere saber de otros que no sean tan mediocres como él. Es por eso que hay experimentados tiranuelos a quienes solo les interesa saber de futuros tiranuelos como él. En eso se parecen muchos gobernantes que esconden los errores de otros para exaltarlos cuando sus objetivos se cumplen con su colaboración. De otro modo, podríamos apretarle el cuello con las denuncias sobre sus máculas, que no son más que un reflejo de las suyas. Los títulos tragicómicos se prestan para variadas interpretaciones. Pueden servir para enmascarar las frustraciones, en un caso y en otro pueden ser fuentes de humor que se cosecha, por lo general, en momentos de tensa espera.

○●○

ALGUNOS CONFLICTOS FRATRICIDAS, creados o no, se observan con impotencia y fingida vergüenza ajena. Por la misma sin razón, por la que se invade a un pueblo considerado enemigo o amenazante porque es rico, debería tomarse la misma acción con uno pobre —al cual también fingimos llamarle amigo o aliado—, que se desangra por la cizaña azuzada desde fuera; pero todo dependerá qué tan cerca del fuego estén nuestros intereses.

La esperanza es que, como los muchachos de la gran prensa no tienen en que entretenerse, porque el espectáculo de destrucción y muerte anda en otros niveles de peligrosidad, el dragón necesita algo de combustible para avivar sus lenguaradas de fuego. Allí, han comenzado a congregarse estos nuevos legionarios de programados conflictos. Indefensos los hay por todas partes. Los que, como espectadores, receptores aguardamos aquí, tendremos que esperar sin chistar la cuota diaria de sus "palos" o especulaciones.

También ellos pueden llegar a tener miedo, no importa que no haya disciplinadas tropas de choques, de los que ambicionan el poder o el de los que pueden perderlo. Lo mismo da. Arremeterán contra todo lo que huela a extraño y tal vez, no por serlo, sino por la urgente necesidad de tener algo que defender con uñas y dientes a la hora de partir hacia cualquier parte o en caso de retorno del orden, conservar lo robado como trofeo de su guerra de pillaje.

○ ● ○

DESCUBRIMIENTO EDITORIAL. De pronto nos damos cuenta que los tentáculos sagrados de contadas editoriales pueden husmear en el entorno local, lo que se puede vender o no; quienes pueden ser *mercadeables* o no. Su éxito en la inversión puede asegurarse de esa forma. Entonces, sólo así arriesgan sus nuevas mercancías entre los contados lectores, que paradójicamente hay en la mayor parte de los países del mundo, pero en especial en los más pobres o subdesarrollados.

Dos o tres pueden contar con buenas y hasta "grandes" ediciones. No hay porque decir de cuantos ejemplares fue. Los lectores juzgarán tal vez que muchas. Tres mil o cinco mil, quién sabe, pero es raro encontrarse diez mil lectores en un solo lugar, que por tanto constituyan una fuerza a tomar en cuenta por los editores. Van por lo seguro. Sus estudios de mercadeo son de una exactitud fantástica.

○ ● ○

DE LOS DE DEPORTES. Es otro de los instrumentos capaz de devorar no sólo a los fanáticos, a los que escriben por oficio sobre ellos, sino hasta los propios atletas. Nos damos cuenta de cuantos adornos cubrimos a seres humanos, especialmente bien dotados de habilidades y fuerza física a diferencia del resto de la humanidad, pero tan arrastrados de nuestras mismas pasiones y debilidades.

Pueden ser gigantes en sus prácticas deportivas, pero enanos morales y espirituales como cualquiera. Pero el mito de los roles sociales, los confunde y nos confunde. Pensamos que son sinónimos de seres perfectos; nada más alejados de la verdad.

Aquí, si no se cumple en su totalidad, al menos pudiéramos decir que es una de sus consecuencias: el dinero los hace poderosos por un lado, pero extremadamente débiles por el otro. Y casi siempre este último termina por imponerse sobre los que no cuentan con el respaldo espiritual de una buena compañía y orientación que no sea interesada sólo en sus bienes.

De estos hay ejemplos en abundancia. Es posible incluso que algunos se destaquen aun sobre muchos de sus defectos espirituales, que les sirven de motivaciones para alcanzar grandes niveles de competencia, sólo igualados por sus grandes deslices en las barbaridades del error.

○●○

LAS CASAS GRANDES. Son como la vida en pareja. Cuando son jóvenes se sienten capaces de abarcarlo todo. Y de hecho, casi lo consiguen. Llega la madurez y luego la inevitable vejez. Entonces no es lo mismo. Una casa grande, para una pareja que haya tenido la suerte de llegar a la vejez junta, es una carga pesada. Por su mantenimiento, por los recuerdos y la nostalgia que permanecen allí. La casa comienza a sentir también el peso de los años. Se deterioran sus jardines. Ya las escasas flores no tienen manos solícitas que las puedan atender, como antes. Hay excepciones. Claro que las hay, pero no son, como siempre, mayoría. En definitiva, lo que tratamos de decir es que, cuando se es joven, todo alrededor comparte la energía, la vitalidad y el ritmo; luego, al envejecer, todo cambia y hay que adaptarse o se sufre con o sin explicación.

○●○

EL MUNDO selva versus el mundo tecno. El conflicto era una costumbre. Sus principales capitales estaban a la vuelta de mísiles de mediano alcance. Sus habitantes se distinguen porque sus vestidos los delatan. Mientras unos hacen gala de sencillez, otros muestran sus extravagantes vestidos. Ambos pueblos bien podrían sentarse tranquilamente a conversar sobre sus diferencias y pronto podrían llegar a algún acuerdo.

No obstante, son sus gobiernos: uno tozudo, otro a la defensiva siempre, los que se empeñan en no ceder a esa tentación. En el mundo selva no es como su nombre lo indica. Es un conjunto armónico entre la naturaleza y la obra del hombre. El mundo técnico, no lo cree así. Juzga que nada es posible sin la participación preponderante de la técnica sobre todo lo que él haga o crea. De ahí el conflicto: latente unas veces, violento otras tantas. Ambos se necesitan, pero nadie quiere admitirlo, prefieren esconder esas debilidades. Se odian, pero, por puro formalismo, prefieren mantener tensas relaciones diplomáticas.

El uno al otro, están preparados y continuamente se preparan para destruirse — en todo caso, autodestruirse—. No son seres humanos esencialmente diferentes, solo que el egoísmo o el miedo puede más que cualquier otro sentimiento de buena convivencia o de concesión al enemigo. Por ahora, dejemos descansar un ejercicio, que sin haberlo recorrido en la realidad, nos lleva hasta el cansancio. Y es que, nada que no sea capaz de convocar la imaginación de quien la intenta describir como de quien llega a estas líneas por accidente, puede ser bien recibido y bien continuado. Entonces, lo más saludable es no seguir. Parar y mirar hacia otros horizontes. Es posible que otros aires nos permitan respirar mejor. Asimilar ese brusco e inesperado cambio que nos deja un sabor indefinido.

No hay más remedio por el momento. Construir un mundo de tramas y personajes no es tarea de gente común y corriente, como quien suscribe estos arranques de desesperación. ¿Para qué esconder la abundancia? Total, el placer es un excelente tranquilizador. No obstante, ambos pueblos bien podrían sentarse a dejar que dialoguen sus culturas. Ambos aprenderían muy pronto a tolerar sus inventadas diferencias. Pero no. El mundo tiene que ser sometido o, por el contrario, hay que arrasarlo sin contemplaciones.

○●○

SEGUIMOS el camino hasta que, de nuevo las circunstancias, la situación nos obligue a parar y tomar aliento o enfrascarnos en la atemorizante lucha contra el dolor. Ya lo hemos descubierto: el dolor es como el egoísmo. Requiere y demanda sin contemplaciones tu total atención y concentración. No necesita apelar a muchos y distintos argumentos para ganarle la partida a cualquier otra prioridad. No se espanta ante las penalidades presentidas o las sorpresas de siempre para los descuidados. Le tienen sin cuidado tus alegadas prioridades. No se resiente, porque otros hayan anticipado su llegada. Se sabe soberano donde se deja sentir, y de ahí sólo se retirará cuando haya doblegado tu vergüenza y tus melindres a una nueva realidad que es también parte de la vida.

El dolor llega y se va cuando le plazca. No hay otras opciones. No hay que entristecerse. Siempre queda la opción, en contados casos, de prevenirlo y en otros de aprender a convivir con él. Será como un nuevo hábito adquirido, y por cierto, bastante útil también aunque suene a ironía.

○●○

EL YO no puede ser más ridículo. Lo ha endiosado tanta confusión. El hombre nuevo es fanático y en apariencia muy religioso. En el fondo, puede ser cualquier cosa menos religiosa. Sobre todo si esa religiosidad nos luce como fanatismo. Eso sí que está de moda. Si usted no es fanático, de algo más le vale ir pensando en afiliarse a un equipo, y si decimos equipo, queremos decir también religión, gastronomía, ciencia, esoterismo, Internet, el cine, los libros de autoayuda; si no lo es, comience a preocuparse. Los no fanatizados son un peligro potencial. Pueden ser calificados de *izquierdosos* en un mundo conservador; de conservadores en un mundo muy liberal. No es una simple fiebre momentánea. Es una tendencia con premios y castigos al final, si es que sobrevive a esos extremos. Vaya entonces subastando sus timideces y prejuicios. Lo que le espera es una sorda batalla, pero batalla al fin.

No hay otra salida que encontrar las soluciones necesarias para la urgencia de esa situación particular. Posponerlas no es una solución ni siquiera de momento. No hacer nada es lo peor que pudiéramos hacer. La acción en sí misma, no una aportación definitiva para encontrar el acertijo, por eso debe ser sopesada aun en el mismo proceso de su aplicación.

Tampoco hay una determinada cantidad de accionar o de tiempo para enfrentar la situación. Todo lo determinará el problema en sí mismo. Unos tendrán aparentes soluciones mágicas; otros de heroicas apariencias. De cualquier manera, en cualquier momento se producirán tres reacciones con el sello de solución definitiva o sugerente espera: encontraste la respuesta, no encontraste la respuesta, o hay una que tiene de ambas. ¿Satisfecho? No. ¿Decepcionado o confundido? Puede ser. Pero algo es algo.

○●○

ES CIERTO, no se es un escritor por haber escrito un libro ni por dos libros. La esencia de serlo o no, no reside en la cantidad. No es cinismo, es cuando más, algo de espontánea ironía. Es cuestión de calidad y trascendencia. Pero ni lo uno ni lo otro se obtiene porque simplemente se quiera o le parezca merecerlo. No se sabe exactamente cuál es el método para obtenerlo. O para decirlo de otra manera: es un problema de talento e imaginación y después, trabajo, trabajo... y más trabajo. Lo cual no es del agrado, digamos, de los abundantes vagos y diletantes que aspiramos a tal condición sin entender de una vez y por todas que ese es el principal requisito. Porque si no, cómo se pretende siquiera pensar que las manos por decir algo, se soltarán como mariposas en un jardín sobre una página en blanco.

No es casual que para los veteranos eso no sea un problema. Ellos han comprendido que, esa y no otra, es la fórmula del "éxito". Hablamos del que tiene que ver con que nada se quede donde no debe de quedarse. Sale a enfrentarse a la realidad sea cual sea. Y luego el parto —reservemos lo de obra para los consagrados—, ahí lo dejaremos para que sea alimentado o liquidado por el tiempo. No se nos ocurre una mejor expresión.

○●○

ANDAMOS en busca de sinónimos numerosos y satisfactorios en sus significados. Eso nos dejaría tranquilos, al menos en las intenciones; no siempre fue así en sus resultados. No es extraño que cueste tanto avanzar por encima de las dificultades cotidianas. La victoria sobre ellas no se puede asegurar y ni siquiera aplazar. Las derrotas son pequeñas, si es que las hay de esa dimensión, pero se amotinan y parecen una catástrofe difícil de vencer. No nos queda más remedio que aceptar su presencia y contingencia y aunar esfuerzos para llegar al objetivo. Objetivo que no siempre puede significar una meta definitiva, sino el paso del día a día.

○●○

NOS JURÁBAMOS ya no encontrarnos con nada imposible cada día, pero en realidad hay siempre algún obstáculo que vencer. No siempre se puede uno maravillar de la grandeza del hombre, pero sí de sus atrevimientos y de su vanidad. Por cierto, esto por mucho tiempo puede parecer una expresión de modestia, mientras no se descubra al portador de ese sentimiento.

Por lo general, se le descubre cuando su obra está a punto de desaparecer o de ser sustituida. Nos podemos referir a lo arquitectónico como a una obra escrita y mil pequeñas cosas. Sus autores se han reservado la mayor cuota de todo aunque en principio nadie lo sepa. Pero la vanidad que mayor intriga y pena nos produce es la del acumulador consumista. En principio es una carrera contra otros. Cuando es ignorado, o superado entonces se vuelca sobre sí mismo como Narciso ante el espejo. Como no tiene iguales, según él, se pregunta a partir de ese momento si hay otro mejor que él en el mundo; si hay alguien que tenga más que él. Pero el Dios particular que se gastan es tan bondadoso y generoso que se conduele y lo coloca en el justo lugar en donde su obra brille con particular intensidad.

No está dentro de sus iguales. Está siempre en un piso más bajo entre sus iguales y uno o dos más arriba de sus inferiores. Hay que maravillarse ante ese gesto divino. No lo castiga con la indiferencia con la que puede ser capaz un ser tan inalcanzable. Prefiere otorgarle su cuota de divinidad. Observa ese Dios particular como gustosamente el vanidoso escogido bien emplea ese momentáneo soplo de grandeza. Pero igual. La noche llegará cuando todos se hayan ido, o cuando ya no estén u otros lo hayan sustituido. Para entonces puede que haya descubierto su pequeñez o las grandezas de la sencillez. Entonces puede ser que para el vanidoso la vida tenga de veras sus encantos. No importa cuántos pasajeros puedan ser mientras el momento le parezca eterno y apabullante para sus adversarios reales o fingidos. Ese es su momento y no puede asegurar otro. Todo fluye, lo sabe o lo ignora por completo, pero igual eso no está llamado a afligirlo ni apabullarlo. Se sabe cierto en este instante y ha de aprovecharlo sin importarle cuanto pueda depararle el futuro. Admitamos que ha quedado dibujado un vanidoso muy pensante, especie que no abunda ni siquiera entre los sencillos. Se puede pecar también de vanidosas descripciones y elucubraciones. Es normal que así sea, puede contaminarnos a todos.

○●○

DAS de lo que tienes. ¿Cuánto tienes? No lo sabemos. Por lo visto, no es mucho. Ni es mucha tampoco su necesidad. Todo es plano, o tiende a serlo. Y nadie lo puede impedir, ni siquiera el conocimiento mismo. O tal vez se necesitan más pruebas. Lo único es que pueden ser devastadoras o terminantes. Entonces es un riesgo que a nadie le gustaría correr. Estamos atrapados entre este desconocimiento creciente. Que no es lo mismo que ignorancia. Es peor. Es atrapar en un estadio indefinido a quien presume de haber llegado a ciertos niveles de un conocimiento indefinido, o caótico. Son los casos más abundantes.

Hoy, ser autodidacta es casi un suicidio. Lo pueden excomulgar de cualquier lugar. Su audacia no tiene un buen auditorio. En soledad todavía tiene algunas posibilidades, pero siempre correrá el riesgo de ser considerado, cuando menos, un ser en vías de extinción. Su satisfacción tiene el mismo estatus: compartida suena a presunción y en la soledad es merecida timidez o, cuando menos, uno de tantos fracasos. No tiene muchas opciones.

Puede continuar sus ensayos y con ello adquirir una práctica que lo satisfaga, al menos a su ego o puede un día lanzarse al azar de ser descubierto. Con lo que no se puede asegurar que sea nunca para su gloria, sino cuando menos un caso digno de pena.

Se pierden los propósitos iniciales con harta frecuencia. La continuidad parece una propiedad exclusiva sólo de la electricidad. En los humanos ronda la obsesión, lo que por lo general molesta a muchos. Y no se puede pretender ser la excepción. Al propio autor de esa pequeña comedia humana, termina también resultándole repugnante.

Y no es que sea del todo así. Es que se cae sin querer en extremos inexplicables. Y siempre es tu prójimo quien lo advierte. No sabemos si a tiempo o destiempo. Porque puede suceder que te mantenga en observación por un largo período o que haya perdido la paciencia ante la brusquedad de tu cambio. Todo puede suceder. Entonces, no debe extrañarte el estallido inesperado de quien menos lo esperabas. O la aprobación insólita de algún desconocido. Esa es la virtud de lo experimental: nunca conocemos de antemano su destino. Podemos imaginarlo y hasta soñarlo, pero de ahí a conocer la verdad, es otro cantor.

○●○

MIENTRAS vivamos siempre nos obsesionará la muerte, porque desde ella no hay ni tiempo ni espacio desde el cual pronunciarnos sobre la vida dejada o tal vez añorada. Las intenciones se quiebran o se reflexionan con mayor intención, pero tal vez menor agudeza cuando llega el dolor de la enfermedad. La enfermedad es ante todo el castigo de nuestros excesos e indiferencia. La nostalgia por lo divino es la que nos hace creer que, manipulando nuestra génesis, solucionaremos todos esos males. No hay duda de que mucho se logrará, sobre todo en lo que a la ciencia se refiere, pero a los que no obtengan un mínimo de alivio, su mal les parecerá un desafío insuperable para la ciencia y para Dios, porque sus ruegos continuarán. Para ellos nada cambiará. Solo la muerte los liberará con cierta crueldad de su padecimiento.

○●○

¿CÓMO insertarse en la vida? Hablamos de los aspectos de la vida que mueve nuestra sociedad. Aunque parezca absurdo podemos pensar que vivimos la hora actual. Sin embargo, puede que nos estemos perdiendo sus partes más excitantes, para decirlo de alguna forma. No digamos de la injusticia o de la exhibición de la opulencia ni de la indiferencia ante las carencias. Eso nunca ha dejado de existir, simplemente se han maquillado de manera diferente. Pero lo que sí es otro mundo es el terror, la informática, la Internet y la masiva difusión de las demandas de ciertos extremismos.

El terrorismo ya no es una postura política exclusiva contra un invasor, un extraño o el último recurso de los impotentes. No, ahora el terrorismo tiene un cuerpo, una idea y una organización que no tiene nada que envidiarle al Estado como tal y como se le conoce en la vida moderna. Se le ha ido alimentando desde las esferas mismas del estado cuando el propósito es demostrar que cualquier iniciativa por eliminarlo está justificada. Nadie tiene duda de que es un mal que hay que eliminar.

○●○

NAVEGAR por nuestro interior sólo tiene ventajas para el que busca incansablemente su propio conocimiento. Que lo logre es otra cosa. Por lo que sabemos no es un tema ideal para explayarse, porque no hay muchos interesados. Hay, es verdad, algunos curiosos que tienen la capacidad de hacer suya esa confesión y su difusión se le convierte en una obsesión hasta cierto punto exitosa. Pero son casos muy contados y no se puede esperar que ocurra con mayor frecuencia. Buscar esa causalidad tampoco es recomendable. Es como buscar un tubérculo en un campo arrasado. No es que sea una incursión destinada siempre a fracasar, pero en los caminos desconocidos siempre hay muchos imponderables.

Uno puede sentirse satisfecho con haber obtenido al menos un poco de coherencia y que la desidia no sea la que guíe siempre la mano. Uno puede esperar mucho y sin embargo, algo en su interior se niega a dar la bienvenida a esa intención. Jugamos con un vocabulario que dejado a su suerte, no tiene más que algunos matices que se vuelcan sobre sí mismo en busca de novedad, pero en general no hace sino repetirse. Admiro a los poetas arrepentidos del fracaso de sus búsquedas cuando andan en busca de audiencia segura, y espolvorean en sus versos los dolores de un parto inesperado. Se leen bien y con nostalgia porque saben que eso no es lo que quisieran, pero ya nadie les hace caso a los versos; ni siquiera cuando se abandonan a su suerte empaquetados en vistosos colores.

Son los autores noveles, como el que les ocupa, los que envían sus libros a los críticos de los diarios. Los vemos por inestimables cantidades, lo que habla poco de su calidad no descubierta. Literalmente, llegaron a su cima. De ahí en adelante, el olvido o un relanzamiento más íntimo. Empieza a conocer los peligros que corren los novatos.

○●○

CUANDO somos urbanizados, organizados por números y por calles, no sólo estaremos ubicados, con nuestras necesidades identificadas, sino que podemos estar seguros de que cierto tipo de facilidades aumentarán a nuestro favor. Otras por supuesto, nos van a fastidiar. Entre las primeras están las de asegurar a nuestros fiadores que no somos como los conejos. Es decir, que no saltamos de un lugar a otro sin parar. Ahí está nuestra dirección para defender nuestra apreciada estabilidad. Luego, los compromisos que se derivan de vivir en un lugar fijo son innumerables. Nadie podrá escapar a la mirada escrutadora o curiosa de algún vecino deshabilitado para otras funciones que no sean mirar por la ventana.

Una especie de "voyeurismo" permitido. Luego, si los lazos de la timidez propia del nuevo vecino se logran romper, llegarán las interrupciones continuas para ventilar chismes o compromisos que no siempre uno lo busca, pero que las circunstancias nos pusieron en el camino. Nada malo hay en todo esto si a algunos no le pareciera que es lo más importante y que el tiempo y la soledad no se emplearán en otros menesteres que esas minucias tan cotidianas.

Estos vienen siendo unos ensayos sobre vaguedades, pero que nadie puede evitar que, como las lapas que se adhieren al cuerpo de un depredador para conseguir allí su alimento, vivir sin mirar hacia afuera ni ser molestado. Y eso porque su función de expurgador es muy apreciada también. Desde luego, siempre que no se ubique en un lugar donde pueda prestarse a confusión por parte de su anfitrión.

○●○

LOS MONO TEMAS son recurrentes por distintos motivos. No hay siempre vivencias acompañadas hoy día de la magnificencia de aquellos mundos de antaño por descubrir y domar. En aquel entonces todo era, sino siempre una aventura, al menos un mundo de emociones. Hoy no podríamos concebir nada que no se adaptara a nuestra rapidez decretada por circunstancias ajenas y nuestra propia voluntad de vivir o no. En cualquier momento, podemos quedarnos al margen de acontecimientos capitales o ser, sin quererlo, sus protagonistas; vistos desde lejos y donde las comprobaciones están llenas de dificultades materiales y burocráticas.

TRES

CUALQUIER ciudadano como nosotros puede convertirse en ícono de sugerida imitación. Siendo uno sorprendido en ese acto inesperado de exaltación, no renunciamos a ello ni le damos pábulo para seguir ni cuestionarse. Nos alejamos al punto de partida para observar también ese entorno lleno de energía de donde brota esa flama. No es cien por ciento mentiras, pero se exagera por razones comprensibles. El ambiente que dejamos tiene contados límites y ahí hay que desarrollar batallas de vida o muerte casi a diario. No sólo en el sentido físico, ni porque sea la violencia por la violencia misma la que prime. Es que la competencia se concentra en los contados medios de difusión limitados en sí mismos, por la aplastante presencia de una metrópolis brutal que rompe las barreras de su alcance y penetra en recintos antes concentrados en su pequeño sistema de convivencias.

Pero, como todos cambiamos y nos readaptamos continuamente, pronto adquirimos el cariz de la metrópolis despreciada. Hablamos y vestimos como ellos, usamos su lenguaje de pretensiones universales y enfrentamos a los mismos enemigos, sin conocer sus consecuencias. Por instinto, cuando alguien nos confrontó con las mismas reacciones universales, nos refugiamos en el localismo protector, en los años invertidos en la defensa verbal más que todo, de una comunidad que sólo se solaza con nuestras incursiones, pero que nos deja al margen de sus acciones colectivas. Se cuida mucho de no dejarse influenciar con nombres y apellidos muy conocidos, pero el lado oculto de su prudencia adopta muchas de las medidas recomendadas y sin necesidad de dar a cambio ningún agradecimiento. Con hablarnos a nosotros mismos, muchas veces nos basta para exonerarnos de culpas ajenas o favores no pedidos. Así, somos agradecidos con nosotros y olvidados de aquellos.

○●○

NO RESISTE más tiempo, el tejido común de la humanidad se ha estirado demasiado. No se ha reventado en su totalidad, pero hay desgarros muy dolorosos que nos han marcado tal vez para siempre. Dos fechas distintas, con algunas similitudes: el 11 de septiembre del 2001 y el 11 de marzo del 2004, son más que suficientes para decirnos que esta humanidad marcha hacia un destino tal vez más justo y armónico, pero no por muy buen camino. La globalización motorizada y sustentada no sólo por gobiernos, sino por las grandes corporaciones, se ha olvidado que la humanidad es una sola y que hay en ella todavía mucho odio y errores por corregir. La llamada comunidad internacional, si es que eso ha existido alguna vez, no está representada en las Naciones Unidas.

Su inutilidad y luego el aplastamiento a que fue sometido durante el proceso de preparación a la invasión a Irak, dejó bien claro que no sirve para nada. Es un costoso coro de burócratas internacionales que la humanidad debería despedir de inmediato. El terrorismo, esa vieja y renovada plaga que ahora sustituye las utopías fracasadas (el socialismo soviético y sus mascaradas), ha marcado en estos años a la humanidad con huellas difíciles de olvidar, peor aún con la más preocupante proyección de hacerse también de una porción importante de la globalización en el mundo. Lo más difícil tal vez de aceptar y comprender es que quienes detentan la mayor cuota de poder económico y militar en el mundo, creen que por sí solo esas ventajas le dan la autoridad y la total capacidad de acabar con ese mal. Sin embargo, la realidad de hoy le demuestra y deja claro que ni siquiera la invasión a Irak ha acabado con el terrorismo.

Todo lo contrario, ha profundizado unos recelos que se creían en vías de superación. Hoy un turbante, un signo, una señal más de una cultura distinta pero tan humana como la nuestra, ha convertido a una gran parte de la humanidad en sospechosa ante los ojos de los temerosos occidentales. El miedo al terrorismo se ha globalizado y le lleva una gran ventaja a la parte tal vez mejor intencionada de la globalización económica. Ante eso, buena parte de la comunidad se pregunta qué hacer.

Observa preocupada su propia impotencia, mientras en la ONU se comienzan a rasgar las vestiduras, pero nadie hace nada por plantearse, al menos que sepamos, la necesidad de transformar ese organismo para que pueda ensayar un verdadero gobierno global. Suena utópico, pero de eso ha vivido la humanidad. Y ya que han fracasado todas, no perderemos nada con ensayar ésta. Albert Camus el genial escritor francés, en momentos en que se calentaba la llamada guerra fría, decía que su pueblo no era lo suficientemente libre de la influencia de los dos grandes bloques de entonces para ser revolucionario. También planteó la necesidad de un parlamento mundial escogido por los pueblos del mundo, para crear un verdadero gobierno internacional, lejos del nacionalismo y patrioterismo sin fundamentos.

Hoy ninguna nación del mundo es lo suficientemente fuerte ni auto protegida, ni aislada para no ser alcanzada en cualquier momento por las garras del terrorismo. Por ello, resulta extraño que, siendo los Estados Unidos —no importa cual fuera su administración si republicana o demócrata—, el líder en el proceso de la globalización económica, haya sido también quien liderara una acción casi unilateral para invadir a Irak por encima de la ONU. No obstante, y por esas cosas que la mayoría de los simples mortales ignoramos, si la intención era destruir ese foro o al menos debilitarlo hasta hacerlo desaparecer en poco tiempo, cumplió efectivamente su papel. Hoy casi nadie cree en la ONU.

Ahora falta saber si lo que, en el fondo, se propone EU es encaminar ese organismo hacia un gobierno mundial, declarar su defunción e iniciar una serie de guerras muy localizadas de todos contra todos para controlar los principales recursos del mundo, o ir instalando los rudimentos de ese tipo de gobierno que no sólo enfrente el terrorismo y otros males y epidemias que devastan el planeta. Todo eso, por lo que sabemos, está contemplado en los estatutos de la ONU, pero su falta de funcionalidad nos debe llevar a revisarla o declararla en bancarrota moral y dar paso a otros proyectos que anidan en los cerebros más brillantes y bien intencionados que todavía resisten y se encuentran por ahí mascullando su frustración.

○●○

LA REALIDAD está ahí. Las palabras también. Podemos conjugarlas y esperar. No se pueden asegurar resultados felices. Tampoco fracasos absolutos. Todo es relativo. Como las utopías en determinados momentos. Al principio la ignoran, se burlan, la olvidan. Luego se detienen, ya llega y después se sufren o se gozan sus consecuencias.

El afán por ciertas primacías empuja a un temprano protagonismo, basado en un riesgo calculado al que protege su propio acercamiento a distancia de los orígenes del conflicto. La continua práctica del enfrentamiento a esa distancia nos convierte en símbolo sin mayores riesgos para enarbolar la tolerancia y el ejercicio pleno y seguro de cierto tipo de democracia. Estamos salvados. Nuestro nombre lo arrastrará al cómodo guión de la historia por escribirse. No hay distancias. Falta tiempo, espacios en el tiempo.

Una voluntad de dejar atrás la sola intención. Y concentrarse sin pensar en nada más. Puesto que el tiempo lo determina todo. Hay que aprovechar su oferta sin pesos ni medidas. Está ahí para que lo adoptes como a un niño huérfano. Hazlo antes de que aprenda a caminar. Aun junto a ti podrá alejarse lo suficiente o complicarse lo suficiente para que creas que todo ha terminado. No lo juzgues. No hay necesidad, porque no conseguirás derrotarlo y tu sacrificio, con el tiempo, será en vano. Si no lo crees, mira la historia. Está llena de recuerdos pero, ¡de cuantos olvidos! Y nadie puede reclamar nada. Ni correcciones, ni verdades, ni mentiras. Ahí está todo por siempre. Golpeándonos, advirtiéndonos y esperando. Todos los días ensayamos nuevas rutas, pero las hemos confundido con las rutinas y así quedan. Es verdad que el agua recorre las mismas vías de tu cuerpo y el jabón se disfraza de limpieza bajo una gama infinita de olores artificiales, pero no sabemos si caminan sobre aquellas huellas.

○●○

Algo de arrogancia, para asumir culpas tal vez ajenas. Le hemos quitado su voz. Su voz maldita, pero su voz. Ahora, al no tenerla, lucimos mal. Nadie nos quiere creer. Por eso pagamos la arrogancia con este tipo de desastres. Nos engreímos al principio. Todo el poder y la fuerza estaban de nuestro lado. Y la razón, también. Pero hay imponderables que nadie controla. Y llegaron a su tiempo. Cuando tenían que llegar. Aquí están sacando la cuenta de cuánto hicimos y cuanto ocultamos. Las consecuencias aún se harán esperar. Nadie las conoce.

Confiábamos en conocer al enemigo y, como niños consentidos, arremetimos; hoy somos casi la vergüenza del mundo. Para colmo, lo de la voz, nos llega también en estos momentos. No podemos buscarla entre emisarios ni protegidos. Su descaro es comparable al de las mentiras que quisimos hacer pasar por verdades. Nos queda el retiro honorable si ellos aceptan ayudarnos a no caer más hondo en el abismo que profundizamos. O es que hay más voces o en realidad no hay ninguna. Estamos solos, a merced de mercaderes por encargo. No es más trágico nuestro mundo: sólo que un poco más huérfano de conciencia.

○●○

A LA VIOLENCIA, si asumimos las imágenes de la televisión que la difunden como parte de nuestra cotidianidad natural, pareciera que el ser humano la ha aceptado como un mal inevitable, pero en el fondo nada es más rechazado. Los hombres y mujeres de cualquier pueblo, que la sufren, suelen tomarse un tiempo entre el miedo y la ira para rechazarla sobre todo si viene arropada por el manto de una supuesta liberación, de un terrorismo autóctono o exportado por quienes se abrogan el derecho de representar a una humanidad manipulada y acorralada por su propia impotencia e indiferencia.

Nadie acepta la suplantación antojadiza de poderes y decisiones extraños, pero eso sí, no las pueden imponer. La humildad y la grandeza están reservadas para unos cuantos elegidos, los cuales tampoco abundaron ni ayer ni hoy. Aquí también se cuelan advenedizos de todos los pelajes. Dictadores programados con fórmulas que explotan el nacionalismo por sus aristas más dañinas: el extranjero siempre quiere hacernos daño. Es por eso que hoy el panorama humano es el mismo: peleas por las posesiones, por las imposiciones. Un juego de niños verdaderamente peligroso e inmaduro. La simulada preocupación es el complemento de otras ya muy marcadas en el encanecimiento prematuro, el discurso fanático, gastado, hierático. Y no tiene excepciones: afecta a los nuestros y al creado o real adversario por igual.

Hay que sufrirlos dentro de lo que impone lo constituido o aceptar como un hecho cumplido que su violencia nos puede eliminar en cualquier momento. No hay soluciones automatizadas para este problema. Sólo cabe esperar a que la razón y el tiempo de inaceptables tensiones haga cambiar a los actores o que los participantes de los mecanismos institucionales actúen. Toda una comedia humana siempre inacabada y constantemente reciclada. ¿Lo duda? Miremos hacia el espejo. ¿Es, ese que reflejamos, nuestra imagen o un actor que nos suplanta? No hay que adelantar respuestas. Nos queda la opción de callar y aceptar que nuestra indiferencia ha sido la madre de estos monstruos creados y que, por tanto, todos somos culpables. Pero si no nos decidimos a tiempo, los fanáticos, como vemos, nos van suplantando poco a poco.

Y sobre el despojos mortal de un ser humano en Irak, por ejemplo, no importa su condición, ambición, ni propósito, se ensañaran para mostrar su particular brutalidad, frustración y odio que, a fin de cuenta, no hace más que alimentar el encono mutuo y la sed irrefrenable de venganza. Y ésta no se hará esperar. O, ¿acaso es que no ha sido televisada aún? Eso, por lo que corresponde a nuestra parte de la fanatizada tele audiencia, parece que nos otorga la razón. Desde luego, eso no asegura el fin de la violencia, antes bien la condensa. Y ahí están Nueva York, Madrid, Bali y Turquía para atestiguarlo.

El terrorismo sólo tiene una razón de ser: su odio a todo el que no está con ellos. Lo penoso de todo esto es que, decretos y discursos salidos de donde uno espera que prime la razón, se parecen tanto a lo que predica el terrorismo. Si no estás con nosotros, estás contra nosotros. El mundo se ha estado definiendo día a día en blancos perfectos para los terroristas anónimos y cobardes; como para los vengadores encorbatados y conocidos que se han adjudicado la representación de toda la humanidad indefensa ante aquellos, sin habernos pedido permiso ni haberle dejado espacio ni al diálogo ni a ningún de consenso.

○●○

A LAS PALABRAS hay que buscarlas, cortejarlas, casarse con ellas, tener hijos con ellas, para que se pueda multiplicar nuestro menguado acervo. Lo demás es el mismo ejercicio; sólo que utilizando estilos diferentes, según el idioma de que se trate y aun del propio que se ha heredado. No hay malas palabras, sólo mala intención. Ellas son inocentes. En días brujos, en que no hay ni siquiera un pequeño resquicio de luz, se la pasan muy mal sobre el hambre infinita de un desierto blanco.

○●○

¿POR QUÉ todo aquel que tiene limitaciones, o se las reconoce, no puede siempre ver más allá de sus preocupaciones?

No esperemos respuestas. Que sigan las especulaciones. El día a día hay que disfrutarlo, o al menos aceptarlo, como venga. El destino, si es que hay alguno, se encargará de depositar o quitar la carga asignada o eliminada, tras verificar tus méritos. Por eso, no es extraño que alguien, a la puerta de un derrumbe total, o al menos de una seria amenaza de que eso ocurra, se aferre al último aliento de orgullo para evitar que desde fuera se le robe el alimento a lo poco que le pueda quedar de su autoestima.

Por eso proclama que nunca se ha dejado vencer de la adversidad y siempre ha salido triunfador; que no hay obstáculo que le impida llegar. Es casi ofensivo al defender este punto. Como un león herido no dejará de desafiar a quien pretenda hacerle llegar cierto aliento, viendo las otras caras que "el destino" pueda tener. Hay un encerramiento que se fortalece con las imprecaciones y maldiciones que lloverán sobre los que considera injustos evaluadores de su indiscutible experiencia y talento aportado a lo largo de una extenuante tarea de trabajar con algo menos que idiotas de todos los pelajes.

○●○

LA SEMANA SANTA y el silencio. La santidad es dueña del silencio. Es por eso que la meditación individual, sobre todo, se parece tanto a un ejercicio de santidad. No es que todo se acepte como es. Pero el silencio ayuda a observar, entre otras cosas, que nuestra velocidad es un invento y que la naturaleza tiene la suya. Como invento, nuestra velocidad tiene el mérito de ser un producto que atiende con cierta premura las urgencias. Aunque por la misma, es frecuente que se produzca más de una desgracia. Sin embargo, la naturaleza con ser siempre mal interpretada, al menos en estos últimos siglos se le atribuye la autoría de innumerables desgracias que bien pudieran atribuírsele a la imprudencia y la indolencia del hombre. Aunque no sea fácil explicarlo y mucho menos el convencernos de ello, podemos afirmar que el propio desarrollo y la necesidad, y al mismo tiempo el repudio por la vecindad, ha impulsado el desafío del hombre a la naturaleza.

Ciudades y pueblos construidos a pocos metros de los ríos a los que destruyen; a los pies de desafiantes volcanes, o en los cauces secos, pero no por ello avenidas naturales para desahogar sus propios desbordamientos, constituyen una pequeña muestra de hasta dónde podemos llegar los hombres en ese reto a nuestro entorno. De él, y para volver al motivo de este aparte, pudiéramos aprender mucho más de lo que nos ofrecen los conocimientos condensados en las enciclopedias y archivos científicos modernos.

Su silencio o sus sonidos en todo caso, nos pueden enseñar que no es nuestro enemigo ni el obstáculo a nuestro progreso, que más bien es la compañera que nos puede permitir aprender a vivir en armonía. Por eso recordamos que la Semana Santa, que tanto ha dejado de serlo porque ya no reina en ella el silencio, es un buen momento para comunicarnos con Dios que, en definitiva no otro que esa misma naturaleza que mortificamos y maltratamos.

○●○

LA GRACIA DE ESCRIBIR, bien o mal, tiene una propiedad terapéutica; nos cura, no sólo de la soledad obligada o voluntaria, si sus efectos nos resultaran dañinos. Es como sostener una conversación rutinaria con un ser querido. Habrá días de conversaciones alegres y originales. Otros tragicómicos o de un drama inexplicable, pero así es la vida. Y esto ocurre cotidianamente cuando se tiene pareja. Admitamos también que puede no ocurrir.

Pero escribir se convierte, de esta forma, en el resumen completo de nuestras perfecciones e imperfecciones, alcanzadas no sólo a lo largo de un día sino de toda la vida. Lo logrado o dejado de obtener en un día es lógicamente mucho más visible, pero lo de la vida ya es un poco más complicado saber cuánto es el saldo obtenido de ella. Pero eso no debe ser una preocupación primordial.

Este ejercicio, además, nos permite quitarnos los complejos de culpa, si nuestro afán es creernos que con ella completamos un importante logro en nuestra monótona rutina intelectual. Con eso se complica todo, porque en cierto modo nos creemos destinados a verter siempre en palabras y por escrito todo lo que llevamos dentro, aunque eso no signifique, de ninguna manera, un logro de calidad. Por eso no alcanzamos a explicarnos cómo se obliga alguien a repetir diariamente una formula agotada en sí misma para ganarse la vida. Esto, lamentablemente, es una buena parte del periodismo de hoy. Tenemos que ganarnos la vida con lo que la publicidad puede permitir incluir en una página donde el valor noticioso o intelectual estará condicionado por ella.

¿Hasta cuándo? No hay tiempo para este tipo de etapa, porque no asoma por ningún lado nada que pueda rivalizar con la importancia que tiene el dinero para la vida de las grandes corporaciones; no digamos del individuo, en particular, si su vida depende de la supervivencia y bienestar de aquellas. Renunciación sería la palabra adecuada para describir el cuadro en que figuran el periodista, la noticia y los grandes emporios comunicacionales de hoy.

○●○

HOY, las soluciones no pasan por grandes o desafiantes planteamientos filosóficos, sino por el tamiz de pequeñísimos orificios de los beneficios. Es como si supiéramos de pronto que esto se va a acabar y que sólo se salvarán los que se hayan apropiado de un pedazo del pastel. Nadie espera que el otro luche por el suyo, aunque así parezca. Pero la realidad es mucho más compleja. El poder de destrucción acumulado por el hombre, no sólo es capaz de eliminarse a sí mismo, sino de destruir aquello por lo que nos peleamos, o al menos hacer casi imposible su acceso, de forma pacífica a menos que apelemos al inconcebible recurso de un holocausto total para una parte de la humanidad; así sea un gajo que creamos equivocado o que actúen a nuestros ojos como obnubilados fanáticos.

Entonces, el disfrute en paz de los bienes acumulados o arrebatados, no es más que otro imposible, pero la historia nos dice que esa ha sido la vida del hombre en este limitado planeta. La convivencia pacífica, por tanto, se convierte en algo así como períodos en los que se descansa instintivamente para tomar fuerzas y volver de nuevo a la carga o por tomar lo ajeno o por preservar lo suyo. No importa si se trata de simples bienes materiales, supuestamente espirituales o institucionales. Todo está en juego en esta lucha sin cuartel que protagonizamos todos, de un bando o de otro.

Nadie nos ubicó en ello; la vida, la señora vida nos obliga a tomar partido queramos o no. En lo individual las soluciones también han comenzado a convertirse en imposibles, porque Dios, Alá, Buda o quien sea el invocado, será —así lo pretendemos —, el juez de nuestras querellas de criaturas pendencieras y finitas, como somos. O ellos o nosotros: tú escoges, Señor, con cuáles fieles o infieles quedarte.

Hoy, el Dios resucitado, aunque Nietzsche lo haya matado, se va convirtiendo en uno de nuestros guerreros. Por supuesto, el más importante. ¡El *anticristo* ya está entre nosotros! Por lo tanto, debe acudir en nuestra ayuda. Así sea cuando decretamos la muerte de quienes no comulgan con nuestros puntos de vista —no importa sin son fieles, infieles o inocentes— porque el terrorista no tiene otra forma de combatir a sus enemigos; todos son sospechosos de serlo y hay que combatirlos, desaparecerlos y borrarlos de la faz de la tierra. Los líderes de ambos bandos son como hijos de dioses. ¡Nadie lo puede confirmar, pero por sus hechos y las poses hieráticas en nuestros medios, los conoceréis!

○●○

¿ADÓNDE van a parar nuestras lecturas, los placeres que nos provocan, los pensamientos que nos sacuden y estremecen? ¿En cuáles de nuestros millones de células cerebrales vagan en ese pequeño y casi infinito universo de nuestro cerebro?

Sería maravilloso encontrar esas citas que nos extasiaron, que desataron un fuego interior o nos conmovieron hasta casi dejarnos sin aliento por esa genialidad descubierta como un fenómeno extraordinario en un Cervantes, Rulfo, García Márquez, Proust, Dostoievski, Borges, Shakespeare, Quevedo, Kafka, Cortázar, Octavio Paz, Víctor Hugo, Poe, Whitman, Sartre, Camus, Virginia Woolf, Carpentier, Lezama Lima, Rubén Darío, Pablo Neruda, Vallejo, Miguel Hernández, los Machados, Azorín, Alfonso Reyes, Henríquez Ureña, Joyce, Shaw, Ortega y Gasset, Nabokov, Hemingway, Faulkner, Vargas Llosa, Saramago, Cela, los Man, León Felipe, Uslar Pietri, Martí, Gallegos, Simone de Beauvoir, Voltaire, Diderot, Malraux, Osvaldo Soriano, Adolfo Bioy Casares, Yourcenar, Monterroso, Duras, Nietzsche, Dos Pasos, Kerouac, Poe, los Apóstoles. Gramsci, Marx, Engels, Scott. Se quedan tantos y tan grandes, que es preferible callar. El mundo no fue igual con ellos, pero nos quedan sus obras y con ellas vivirán eternamente despertando inteligencias y voluntades.

CUATRO

AISLARSE. ¿Alguien consigue hacerlo sin correr el riesgo de castigarse a sí mismo? No hay muchos ejemplos. Y los que persisten no figuran entre los que deciden. Pese a todo, nunca han sido muchos. El poder es excluyente y aun en el aislacionismo dice jugarse su destino. Se da tanto en los individuos como en las naciones. En los primeros, es juzgado como una enfermedad o sentimiento. En los pueblos, es más que una condición física. Es la agresividad encarnada de momento en los líderes mesiánicos, concebidos a sí mismos como los salvadores de un estatus dudosamente creado. Lucha y se impone bajo el resentimiento, pero no calibra las reacciones similares de los demás que, en su conjunto y aun más entre los propios, se vuelven dudas.

○●○

EL INDIVIDUO solo y librepensador. ¿En qué puede ayudar a cambiar su entorno? ¿Por dónde fluye su pensamiento brillante o mediocre, frívolo o profundo, conmovedor, o indiferente, pujante o estático? No puede ser que desde el tranquilo rincón que ocupan en las grandes bibliotecas públicas del mundo, en las no menos selectas privadas, sean capaces de hacer llegar su fuerza y desencadenen los hechos pronosticados, esperados o revolucionarios de algún momento. Pero todo es posible. Entre ellos el flujo e influjo secreto del pensamiento selecto y poderoso a través de invisibles pasadizos por donde casi siempre ha caminado. Pero hay circunstancias actuales que nos hacen sospechar que tal vez no es así.

El libro, y con ello el pensamiento que contiene, sigue siendo como un objeto de culto. Y la fuerza, sobre todo la fuerza que mata y destruye, se gana rápidamente el favor de un público ávido de acción y el libro es y no es un arma efectiva al mismo tiempo. Es inevitable tener una visión algo fatal del pensamiento hoy en día. El valor de todo se ha relativizado y el pensamiento de por sí no es una pieza de valor coleccionable. Más bien es un adorno que algunos eunucos mentales utilizan para pasearse con falsas virtudes ante el público inocente. Por eso, su prestigio es el de cualquier moneda: a abundancia, un precio vil; a su escasez una sonora especulación.

Lo que conviene es lo que vale, lo demás es un estorbo al que pronto se abandona. Pero, como circunstancias al fin, siempre hay que esperar a que el viento cambie de dirección y favorezca el barco del pensamiento. Los que se han ido y los que van surgiendo están ahí para ser descubiertos y consumidos. Nos falta tiempo organizado, pero eso tiene que ser incluido en nuestras metas. No podemos consumirnos en la espera. Hay que salir en busca de la luz que se han llevado o los que aun la portan con dignidad.

○●○

LOS HOMBRES somos una amenaza mortal para todo lo que tocamos, vemos y creamos. Esa inquietud asesina nace de nuestro egoísmo. Todo lo sereno, armónico, hermoso, puntual, correcto, eficaz, bueno, lo consideramos una amenaza para la existencia de nuestro mundillo. Mundillo que pretendemos exclusivo con las cualidades que les queremos negar a otros o arrebatárselas. Sólo nuestras claras ventajas pueden demostrarle al resto del mundo cómo debe marchar la vida. Todos han especulado con las mismas condiciones en que nosotros hemos podido avanzar y han resuelto tergiversar resultados e interpretaciones para mostrar un rostro distinto y desventajoso. Desconocemos el propósito, pero es claro que no es el verdadero.

El bienestar tiene que estar por encima de todo, incluso hasta de la naturaleza a la que si no domamos a nuestro antojo nos invade con su verdor descontrolado, con sus bandadas de aves cantoras, con sus aguas caprichosas, con sus vientos furiosos. Ella, después que ha descubierto la necesidad del progreso para todos los hombres, tiene que someterse a nuestro poder. Porque nuestro poder es justo y responsable. Sobre todo, responsable del bienestar humano, que no necesita del capricho de lo que no piensa ni sabe hacia dónde va dirigida nuestra grandeza.

Somos una criatura escogida por el creador, cualquiera que sea su denominación, hecha para conquistar, para aplastar los obstáculos que se pueda encontrar hacia el objetivo de nuestra existencia: el éxito. El éxito —no se confundan, por favor— es dinero. ¡Cuidado, no nos vayamos a confundir! El dinero lo abarca todo. Sabemos que las dudas son inevitables, pero la historia robustece nuestro argumento. Veamos. El dinero es sinónimo de felicidad. Es una felicidad no siempre visible. Se esconde en acciones anónimas, por lo general.

Camina silenciosa en las soluciones que el sujeto, el individuo aislado consigue en su afán cotidiano. Serían muy prolijos los detalles, pero los invitamos a visitar las tiendas y supermercados. Ahí, día a día, en la adquisición de lo indispensable, se cuelan como un logro, ya lo dijimos muy callado, muy discreto, un inventario de caprichos tal vez a los ojos de los incrédulos, de ese pedazo del éxito que buscamos.

Cuando presentimos la igualación en la adquisición de esos bienes que presumíamos lejanos, ya hemos superado una barrera hacia esa anhelada meta. Tal vez es excesivo este argumento, pero el trabajo de convencimiento sobre lo que es el verdadero éxito amerita incluso más. Ahí es donde también nos damos cuenta sobre la necesidad de exigirle sumisión a todo lo que se resista a ese objetivo. En buena medida, el sujeto que más nos reta con sus arranques, es la naturaleza.

Por eso, el avance hacia la búsqueda de su claudicación total no puede detenerse en escrupulosidades de ningún tipo. Tenemos que asegurarnos bienestar ahora y para las futuras generaciones de los que defienden este derecho. Sabemos que hay tantos como nosotros que se oponen a esto. Atribuyamos a la ignorancia sobre las ventajas del éxito, su oposición. Porque defender el medio ambiente esconde en el fondo que no se tiene un lugar en donde parcelar a su antojo su conveniencia, que no tienen porqué extenderse más allá de ese recinto sagrado que es nuestro hogar.

Un parque, un bosque, un lago, una montaña, un río que obstruyan el camino hacia esa parte del éxito colectivo que constituye, por ejemplo una moderna carretera, deben ser eliminados, trasplantados, modificados o represados, en el mejor de los casos. Porque esos escollos no pueden convertirse de pronto en objetos de culto de los que no han podido superar la intimidad con la que nos divertíamos cuando niños.

Observen que muchas generaciones de niños en la actualidad se crían bajo un ambiente más sano, más limpio.

Un ambiente en que el plástico —ese logro sin par de la modernidad— con neutralidad y molde habilidad, se ha sometido a nuestros caprichos, por así decirlo. Su capacidad para soportar los embates de la misma naturaleza, su "inmortalidad" nos permite augurar que, en poco tiempo, ya no necesitaremos para nada ninguno de los elementos de la naturaleza en su estado puro, e incluso hasta los que podamos alterar.

¡Imagínense un bosque de árboles de plástico, a los que las estaciones del tiempo no puedan alterar nada, donde no habrá incursiones de ningún tipo de alimaña, donde el verdor de sus hojas podría ser incluso más verde, donde se pudieran crear, sin peligro de la maldad que encierran los verdaderos, criaturas divertidísimas, fieras domables al toque casi alado de un recién nacido!

No, no provoquemos nuestra imaginación, porque sería tanto el entusiasmo y verdad que encierran esas afirmaciones, que saldríamos como locos eliminando a nuestro paso todo árbol, flor, lago y animalejos que sólo presumiéramos, podrían estorbar estos sueños que presentimos más cerca que nunca. Como paradoja, en este proyecto colaboran de una forma eficiente, casi hasta la incredulidad, los países y pueblos, que según nuestra escasa visión del éxito consideramos que marchan por un rumbo equivocado. Pero los equivocados somos nosotros, los que desde hace muchas generaciones nos consideramos la vanguardia en la marcha hacia el éxito. Esos países, hablamos de los subdesarrollados, de los en vías de desarrollo, del Tercer Mundo —como quiera llamárseles—, nos están dando lecciones para avanzar hacia la conquista total de la naturaleza y sus obstáculos. Han acogido nuestros residuos nucleares, nuestros desperdicios como envoltorios y en vez de legislar y condenar su esparcimiento sin control, fomentan lo contrario y han avanzado un mundo en ese sentido.

El plástico, los automóviles, las motocicletas sin control de emisión, los productos sin control sanitario abundan como plagas. Y eso, es lo que debió seguir siendo nuestra pauta de conquista de la rebelde naturaleza. Pero sometidos al capricho de unos cuantos soñadores con una naturaleza bondadosa, nos hemos quedado atrás, muy atrás en la conquista de nuestro ambiente y ahora enfrentamos una dura competencia de parte de las minorías que, con toda seguridad, sobrevivirán en los países de todo el mundo.

Tendrán ambientes muy exclusivos que serán nuestra envidia. Detrás de la marisma irrespirable y destructora que conlleva todo este proceso, encontraremos contados ambientes de ensueños. Ya no sólo contarán con una naturaleza domada al extremo; por el contrario, no tendrán ningún tipo de obstáculo legislativo, de organizaciones o individuos empeñados en preservar lo que, en sentido general, es un obstáculo para llegar al progreso, es decir al "éxito".

○●○

¿CON QUÉ derecho procuramos pronunciarnos en nombres de otros y contra otros? ¿Qué derecho nos otorga la razón? Pareciera que, quien en solitario se goza de este "privilegio", presume de ser elegido de los dioses. Su no notada vanidad confunde hasta a sus inexistentes críticos u observadores. Tal vez por ello sus preocupaciones no pasan de ansiedades momentáneas. De tan ligera profundidad que cualquier distracción las entierra en el olvido. Las justificaciones pueden parecernos irrebatibles. Nadie puede contra nuestras debilidades y ofuscaciones íntimas. Nuestra realidad es superior a cualquier otra en escollos y sobresaltos. La suerte siempre es ajena, la del vecino.

La nuestra anda de parranda y se marchó a tiempo, cuando nuestra juventud despreciaba oportunidades, porque unas venían detrás de otras y parecía algo infinito. La ingenuidad nos protegía de las desazones que ya maduros nos acosan por doquier. Ahora, lo que nos queda es vender, no sólo como auténticas, nuestras angustias, sino que parezcan únicas, y por tanto, inevitablemente atendibles. Aquellos, los otros tienen que convertirse en meros espectadores. ¡Qué no nos estorben con sus propias ansiedades y lamentaciones, con las nuestras tenemos suficientes!

○●○

EL PENSAMIENTO de ciertas cumbres nos sobrecoge, porque hoy se luce mucho lo rastrero, lo que abunda y se vende como la normalidad. Aquello, con todo lo de gris y oscuro que pueda parecernos, tiene algo de divino y humano excepcional, que nos deja el sabor de que no todo está perdido. Con toda seguridad que nada de esto puede ni pretende parecerse, pero le permite así respirar con cierto alivio de saber que aún existan. Enclavados en el corazón de un imperio, pero accesible por las propias contradicciones que tratan de desmentir y desmitificar sus maldades atribuidas o reales.

Como la respiración, el pensamiento se pierde si no se pone el cuidado de conservarlo como los dulces o las joyas: en un lugar protegido de las hormigas o de los bichos depredadores; o donde puedan conservar algo de su valor, resguardado de los elementos corruptores del ambiente siempre presentes. Desde luego, esa decisión no puede ser aplicada a los caprichos mentales que pueden confundirse con pensamientos dignos de esa decisión. Debe escogerse aquel que no permita su falsificación y que su resistencia sea equivalente a su profundidad; que su aparente complicación quede desnuda ante una primera explicación.

○●○

LA LUZ de ciertas verdades no sólo hiere nuestra vista con crueldad cuando se sale de las tinieblas, también nos arma de una percepción de arrogante apariencia que descalifica al vuelo juicios ajenos, que contemporizan con lo manido. Tan pueriles nos parecen aquellas apreciaciones, que nos dan ganas de invitarlos sin protocolo a acercarse a nuestra fuente y procurar allí las premisas que nos condujeron a nuestra verdad. Sí, siempre será la nuestra la que parezca protagónica, aunque de igual modo tiene que enfrentarse a la misma presunción de las ajenas. Otra aparente ventaja de la que podemos presumir cuando el objetivo de nuestra verdad no es alcanzado —como ocurre casi siempre— es que podemos esperar, con más o menos tranquilidad, que no nos alcanzará la vida para verla revelada, pero tampoco para sufrir su total rechazo. Las dudas rondarán siempre su existencia en este u otros mundos futuros.

○●○

SE NOS VENDE la seguridad como un derecho exclusivo de esta gran nación, haciéndonos creer que, si el resto del mundo cae en manos del terrorismo fanático, aquí estaremos protegidos de ese mal. Nada más falso. Si el resto del mundo cae en la anarquía del terrorismo, Estados Unidos, Europa o Japón ya no serán esos remansos de seguridad ciudadana contra el terrorismo. De hecho, ya no lo son desde el 11 de septiembre del 2001.

○●○

PARA DEJAR CONSTANCIA. Cuando leemos, algo ocurre con nuestra concentración. Mejora con la lectura. Ya el texto, por oscuro que nos pareciera antes, no lo es más a partir de ese momento. Es difícil explicarlo con detalles sicológicos más convincentes. No hay forma de hacerlo, y no creo que hayamos fallado al intentarlo. Mejor es dejarlo a la prueba. Hay que intentarlo en más de una ocasión. El problema es que no se vuelve un hábito como la lectura en sí mismo... o su abandono por cualquier otro motivo. La historia de cada uno está ahí. Vale la pena intentarlo.

○●○

EN TODAS las sociedades, cuando de divulgar hacia el exterior se trata, se pintan los más hermosos paisajes sobre una armonía que, en todo caso, se encuentra en la utopía que cada uno de nosotros trata de alcanzar. El fracaso puede o no tener buena prensa, si de divulgación hacia fuera se trata, todo dependerá de lo conveniente o no de esa divulgación. Eso sí, el consumo interno viene de la experiencia que nos deja. No puede convencerse a nadie bajo la premisa de promesas parecidas. Nadie le cree dos veces al mismo demagogo. Por lo menos, deben ensayar con otros. Desde luego, hay que contar con que pueden ejecutar las fuerzas convencionales para reprimir nuestro deseo de escapar a su invitación.

○●○

EL RUIDO LO INVADE TODO. A su presencia no escapa nada. Ni siquiera el viento. Ya no anda solo por esos caminos abandonados. Lo acompañan mil melodías que conforman la explosiva creatividad "destructiva" de nuestros días. La armonía es lo que menos importa. Es una dependencia individual que no necesita confirmarse en otras realidades. Mientras más sonora es su presencia, más se confirma en sí misma su poder. Aquellos que, por razones distintas, no asumimos más que el papel de observadores, no podemos expresar más que murmullos incomprensibles y, en todo caso, risibles de protestas.

○●○

NOS MOVILIZAMOS de inmediato, cuando el peligro nos acecha. Incluso, cuando sólo presumimos su potencial acercamiento. Nos hace recordar nuestra fragilidad y, como la oscuridad y la traición, juegan a favor de nuestros adversarios. Su amenaza puede llegarnos envuelta en el silencio. Ese tipo de silencio siempre nos parece tenebroso, premonitorio. Pero hay que hablar de un peligro que inventamos. Nada, que la imaginación cuando no tiene a nada más a que recurrir, aprovecha las debilidades más temidas y por ahí se expande como el fuego sobre la maleza seca. Podemos saltar hacia otras latitudes, pero siempre tendremos que proponérnoslo.

Leemos, por ejemplo, como en cualquier país del mundo, los gestores del progreso no ponen su vista en la pobreza que les circunda sino en los recursos por explotar, aunque eso en definitiva les hará más insoportable su entorno. No quieren saber de lo protegido ni privilegiado de la naturaleza si no está en su mano el decidir su destino. Todo debe ser modificado por las bondades del dinero, y de los que lo poseen. No puede dejarse al capricho de una naturaleza casi muerta el que retenga semejante recursos para uso de un común y corriente ciudadano que no aporta nada a sus arcas.

Hay que sanearlo todo, pero a su modo, y ponerlo a disposición de los que puedan pagar el confort adicional que les propondrán. No tienen obligación alguna de preservar semejante monumento a la nada. Hay que maximizar los beneficios, porque el progreso no tiene otro nombre. Todo lo otro puede ser florilegios inútiles, dignos solo de la atención de pendencieros de igual categoría.

○●○

COMPLETAR EL TRABAJO. Esta frase se convirtió en casi una consigna entre quienes se han disputado el título de libertadores democráticos en esta nueva selva. Ellos se han auto titulado los salvadores de los pueblos que alguna vez contribuyeron a domesticar mediante sus elegidos. Hoy se desprecia todo aquello que le dio cierto sentido a un clima de guerras ideológicas de todo tipo. Con el miedo de por medio, a las oscuras intenciones de nuestros adversarios, nos burlamos de sus quejas y caprichos. Para nada existen ya. Es una burocracia que debe comenzar a ser desmantelada; al menos modificada para que sirva más efectivamente a nuestros intereses, hoy mucho más globalizados.

La Organización de las Naciones Unidas no tiene razón de ser en este mundo tal y como está concebida. El terror existe y hay que combatirlo, porque siempre sus víctimas son los inocentes. Esa clase de terrorismo no se atreve a desafiar de frente a su similar institucionalizado y uniformado. Les faltan recursos de todo tipo. Sin embargo, lo ideal sería el consenso para determinar quién o quiénes aterrorizan, tanto desde una poltrona blindada hasta la cueva abandonada. Ese consenso ya no puede lograrlo la ONU, y mucho menos condenarlo.

Toda la nebulosa del sangriento e inaceptable terrorismo de los fanáticos minoritarios, nos hace olvidar que tiene su similar de este lado. Es aparentemente mayoritario y también fanatizado, porque lo practica con el consentimiento de muchos, con la ayuda incalculable de nuestros medios, con toda una parafernalia verbal y técnica que nos convence al final de que, de este lado, tenemos la razón y de aquel, sólo hay odio e irracionalidad. Aquello de que "el hábito no hace al monje", sí se cumple para nuestros "contrarios", sus vestidos delatan —nos parece y a muchos convence— que son la próxima tribu a conquistar y someter por nuestra seguridad, primero, y la de esta civilización, después.

No queremos oír lo que nos dicen esos pueblos sometidos a la miseria, el abandono y las bestialidades de sus gobernantes —muchos de ellos, sino todos—, aupados y protegidos por el liderazgo de esta civilidad que sólo entiende de estabilidad para los que creen suyos y únicos, como si viviésemos en algún planeta vecino, pero inalcanzable para los demás. Sus miserias y terrores pueden ser un día las nuestras, cuando comprendamos, y ya no sea posible dar marcha atrás, que no podemos disfrutar aislados de todo el bienestar de nuestro mundo y dormir tranquilos, sin el sobresalto de que, detrás de cualquier sombra alguien nos lo quiera arrebatar. Y es así. Hay quien está velando nuestra caída para llamar al vecino más cercano y contarle nuestras miserias. Pero no nos damos cuenta. Matando así a nuestro viejo amigo, podemos triunfar en todas estas guerras particulares e interesadas, pero, nunca jamás, ganaremos la paz ni para nuestra sociedad ni la del vecino.

○●○

NO NOS ENTUSIASMAN las esperanzas que nos venden la mayoría de los candidatos de aquí o de allá. Están concebidas para complacer el dolor momentáneo. Pero hay que admitirlo, es difícil escapar a las pasiones que despiertan. Están programadas para eso sin duda alguna. Y como seres humanos siempre estamos hambrientos de ellas. No siempre nos gusta explorar un poco más allá de ese ofrecimiento. Desconfiamos de lo desconocido. E incluso de quien se atreva a proponerlo. Su primera descalificación puede ser personal.

La seguridad de la irrealidad en que nos atribuyen vivir. Sólo el día a día nos puede dar la seguridad que necesitamos, pero aún así no sin sobresaltos. Pero estos, por lo general, pueden ser algo previsibles. Son las "utopías" fabricadas al momento, según se entiende las que nos asustan. Desde luego, los candidatos lo saben y por eso se manejan sin mayores cuidados sobre lo cotidiano o lo que le sugieren sus asesores, que provienen de todos los niveles de escrúpulos o sin ellos. Luego de instalados en el poder, así lo hemos podido padecer y vivir en cualquier parte, el otrora manifestante, votante, no es más que una pieza para el olvido. Su presencia ha quedado reducida al mínimo en los recuerdos del candidato. Ahora las prioridades son otras. La agenda está pendiente de los contratos no vistos ni firmados por los ingenuos sostenedores de las ficciones democráticas que nos gastamos.

Hay que darle curso a las tareas que deben fortalecer nuestra presencia en el mundo con los debidos beneficios programados. Y de esta forma se continúa un formato que no deja de tener sus sorpresas, pero no está concebido para dar sorpresas, y mucho menos agradables todas. Éstas vendrán siempre de los escondidos rincones de los creadores de siempre. Ignorados, aislados, y hasta desconocidos, porque la luz siempre se ve de donde proviene. Su luminosidad puede herir nuestra vista. Estaría de más descalificarle o adherirle cualidades que no tiene. Cumple perfectamente su propósito: se puede observar cada detalle del objeto iluminado. No puede querer de momento, más de eso. El objeto ya le pertenece por su memoria maravillosa, que el tiempo corrige para que la acumulación de inutilidades no reemplace todo lo creado o por crear.

Todos tenemos las mismas posibilidades, pero los que detentan las oportunidades no le facilitan el camino. La competencia es muy excluyente. Si alguien emprendió la carrera hacia su propia excelencia, los extraños en todo caso, estorban y deben por tanto ser invitados a abandonar su ruta. Es como ciertas melodías. Algunas conocidas nos invitan a sumar nuestra voz a su canto y de momento nos sentimos el artista realizado en la intimidad. Luego la vida nos parece distinta. Es el humor de sus notas el que nos pone ardor en el entusiasmo o nos desplaza hacia cierto tipo de nostalgia inexplicable. No hay que desperdiciar esa oportunidad porque no se repite con la constancia esperada. Se descubre en la medida en que penetramos a su mundo. No se puede desesperar en la búsqueda porque de eso tampoco se puede estar muy seguro. A todos se nos debiera obligar a aprender música. Sería una terapia gratuita a futuro.

Las descargas de frustraciones tendrían acaso innumerables caras. Todas, por lo general, menos dañinas para sí y para el entorno. La sociedad moderna, no la marginada que ya conoce de algún modo sus beneficios, aprendería una lección de vida, lo cual no tiene nada de malo. Sería como una larga y variada conversación entre amantes o amigos que no conocen de las pausas más que el cansancio natural, pero no los obstáculos que creamos o nos impone el tiempo y las obligaciones acordadas.

La música tiene la virtud de ser una extensión de nuestra memoria, y cuando menos un instrumento para explorar nuestros sentimientos en cualquier momento de nuestra vida. Se camina de momento en arpegios y notas que nos hieren o nos consuelan sin saber exactamente por cuales motivos o razones, pero el conflicto ha quedado arrinconado. Se puede con toda razón lamentar que no hayamos emprendido la tarea de aprender música cuando nuestro corazón y nuestro espíritu descansaban en conocer nuestro mundo inmediato sin conflictos que saciar nuestras vitales necesidades.

○●○

¿QUÉ SE PUEDE HACER CON TODO ESTO? ¿Nos podemos pasar la vida intentando sintonizarnos? Queremos decir, convencernos de que algo se ha logrado. Pero las preguntas no terminan: ¿Para qué? Esto no puede ser siempre un monólogo inútil sin algún eco, aun proveniente de nosotros mismos. ¿A quién le puede importar una angustia particular, individual que a nada conduce, que nada resuelve, que no llega a ninguna parte? Lo peor es que no hay respuestas.

Las dudas sobre el dominio particular y problemático, por sí sólo, que conforman las palabras, son suficientes para empantanarnos en un gran dilema. Tendremos que volcarnos a una consulta agónica y continua sobre las referencias y diccionarios, cualesquiera que estos sean. Hay que releer en busca de los viejos estímulos iniciales. Aquellos que provienen de los maestros de la perseverancia y la constancia de sus trabajos como divisas. No importa si sus trabajos nos parecen letales para una creatividad que se nos escapa o que sus obras nos parezcan hijas de cierta morosidad. Hay que seguir o parar de una vez por todas, pero la duda sólo puede aceptarse cuando nos permite arañar palabras donde aparentemente no las haya.

○●○

CONCLUYAMOS en que todo es un largo y complejo diario. Es un diario prestado por la imaginación desbordada que no conoce límites interiores ni exteriores. Se juega su existencia dejando salir lo que de retenerse nos haría algún daño desconocido. Dejemos que fluya de la forma en que quiera. No coloquemos muros donde no los hay. Las palabras son libres, pero sólo pueden detenerse en los puertos donde los trabajadores intentan cantar sin que las penas les importen. Este muerto redivivo, que es el diccionario, nunca está lo suficientemente actualizado. En definitiva, nunca muere. Lo tenemos ahí vigilándonos y restregándonos nuestras pifias. Nos hace sentir casi mudos, enanos. A nuestras pretensiones les faltan confrontaciones. El ruido nos impide encontrar ciertos caminos. Nos quedamos en los márgenes. Ahí no podemos sentir su fuerza, pero podemos observar como arrastra el limo de nuestras debilidades.

○●○

LAS IMÁGENES del confort y de la exclusión de todo tipo de minorías nos dejan absortos ante un mundo irreal, a pesar de que insistimos en vendernos unos a otros como si superara la realidad misma. Nada escapa a esas imágenes que nos asaltan día a día enmudeciendo los gritos e incluso los pasajes de felicidad que experimenta nuestra vida como un rito cotidiano. Esta lectura se repite a diario y nadie puede escapar a su influjo, y ni siquiera al planteamiento, como una costumbre algo perversa porque nos limita el espacio para otras preocupaciones y ocupaciones también importantes.

Ahora que desaparecen o se sustituyen ciertos extremismos hay que mirarse al espejo con mayor frecuencia para combatir, además de nuestros propios miedos, las atrocidades que consideramos injustamente otorgadas por nuestra herencia y naturaleza. No nos produce mayor preocupación, sin embargo, la transitoriedad a que todo esto está sometido. Nos regalamos en intenciones y exhibiciones de pretendida eternidad. Y peor aún, de una trascendencia asegurada. Nada, que somos unos patéticos pretendientes de endiosamiento.

○●○

TENEMOS dudas acerca del objetivo. ¿Por qué si el hombre es el receptor y motivo de todo, por qué también es nuestra principal víctima? Pero supongamos que lo sea, entonces es el individuo el que poco importa y quien puede ser eliminado si se propone hacer propaganda de su mal ejemplo, esto en caso de que pretenda ser un librepensador al menos. Si es el sujeto sumiso al consumo y convencido de la necesidad del confort y el odio a lo consumado, entonces hay que preservarlo y multiplicarlo. Así de simple.

Se necesita esa clase de individuo-masa que no conoce más que sus necesidades y que está dispuesto a matar a sus semejantes por continuar el gozo sin interrupciones de sus privilegios. Considerando esto, hay que concluir que nuestros recursos —digo mal—, sus recursos, en algún momento se agotarán. Luego cabe esperar que este individuo-masa se pelee consigo mismo. En ese caso no será un combate desigual, porque en ese tipo de suicidio-homicidio no se necesita más que una voluntad de eliminar nuestra imagen y semejanza corrompida por nuestro egoísmo. Ese día termina el mundo para ese individuo.

CINCO

LOS ACTOS de maldad contra nuestros semejantes tienen, de pronto, una correspondencia inconsciente de parte nuestra, casi similar a aquella. Mientras aquello está motivado en un odio ciego y cerrado a toda razón de convivencia y tolerancia; el nuestro se calcula y se especula sobre la base de nuestra carga de patrioterismo y nacionalismo, que confundimos como la única y valedera motivación de nuestra existencia. Eso asegurará nuestro destino hacia una fama sustentada en la repetición continua en nuestros medios. De ese momento nada es discutible sino nuestro valor y determinación. La discusión que cabría encontrar en las pendencias que nos llevaron a esa decisión queda opacada por la misma fuerza excluyente de nuestras sin razones. Nadie debería dudar que nuestra lógica tenga sus dejos de locuras consentidas en el presente y mucho más en el futuro. Por eso duele ver morir a un hombre lleno del vigor de la juventud, convencido de lo justo de sus causas, pero cegado por un odio inventado y alimentado por un sistema insaciable en vidas y ambiciones.

○●○

No hay que adelantarse a reclamar una discriminación que no existe más que en nuestra mente, porque lo que se pide es por otra clase de miradas. Digámoslo de una vez por todas: actualidad y claridad. No importa que su trascendencia no pase de nuestro portal, se apuesta a un consumidor sumiso y adocenado. Ése y no otro tienen que ser nuestro objetivo, nuestro principal receptor. Los que pretenden provocar reflexiones o intrigar nuestro entorno, esos no tienen cabida. Pueden quedarse en casa y mirarse en el espejo de sus propias inútiles intenciones. Es preciso que lo entendamos así para no perderlo todo.

○●○

Los sueños suelen ser como los rayos de luz que se cuelan en el follaje de los árboles: siempre cambian y parecen bullir como agua fresca y al mismo tiempo hirviente. Nos preocupan esas mutaciones que, para nuestro consciente, resultan incomprensibles y quién sabe sí premonitorias. Pero nadie sabe siquiera como marchará este hoy, y no digamos de mañana. Lo que sí podemos esperar es que, estando preso de las cuatro paredes de nuestro rincón al que se suele llamar nuestro hogar en familias formadas sólidas y presumiblemente felices, es que el paisaje que vemos tras la ventana vaya a cambiar de forma drástica, pero puede suceder. Eso sí, si nos impulsa la curiosidad veremos que tampoco es igual. El agua ayer mansa, hoy es arisca. El viento, ayer venía del sur. Hoy remonta desde el norte. Nada es igual, admitámoslo. Y entre ellos, los sueños.

○●○

LA EXTENSIÓN de un pensamiento puede convertirse en novela. Ese mundo lleno de detalles y matices como la vida misma, es un largo pensamiento o complejo sueño convertido en realidad. Dentro de él conviven, lo que definitivamente las dota de originalidad y gracia con aquello intrascendente como casos de la vida misma, la monotonía que ahoga a tantos que no quieren abandonar sus asientos. Hay, desde luego, aquellos pensamientos que no pueden alcanzar esa complejidad en su construcción, por tanto casi siempre, se queda en una reflexión bastante solitaria.

○●○

EN BUSCA del hombre feliz. Queremos encontrarnos un ejemplar, tan sólo uno. Uno de esos seres excepcionales que, por abundar tanto, terminamos confundiéndolo con esa masa de informes humanos del montón que caminan por ahí con su cara de preocupación, adustos, o tan satisfechos de sí mismos que terminamos por creer que él mismo se cree único e irrepetible. Andamos en busca de ese ser que nos convenza, desde su aura, de que nada le preocupa, que todo le marcha tan perfecto que bien pudiera ser un ejemplo enviado desde el cielo mismo. Lo queremos encontrar, porque simplemente queremos imitarlo. Alguien así resolverá este callado problema de identidad que todos tenemos. Algunos, por querer ser como el millonario que se gasta su vida en el confort que brindan los objetos de nuestra modernidad, que abre con sus dineros todas las puertas imposibles para el resto de los mortales; otros, como ese ejemplar de mujer u hombre, bello y joven a quien parece que el tiempo no marchita; ese intelectual de éxito asegurado cada vez que abre la boca para convocar a sus misales o anuncia la tirada de su más reciente éxito editorial.

○●○

HAY IDEAS, pensamientos, que se asoman a la noche, a su silencio y a su oscuridad: reflexiones que por su presumible originalidad quisiéramos preservar. Como nuestro cerebro es un insondable archivo, sabemos que se ha ido a alguna parte, pero no estamos seguros a dónde. Por eso recurrimos a una especie de sello o martilleo mortificador que le repite inútilmente a nuestro cerebro que retenga para mañana ese pensamiento, esa idea, esa reflexión, porque queremos hacer uso de ella. Como siempre, al menos en nuestro caso, no nos hace caso y manda a navegar en ese mar de nuestras neuronas, aquello que nos regaló él mismo pero en la oscuridad de la noche. Nos imaginamos que los más comprometidos con la vocación de escribir—suena raro ¡eh!—, comprometidos con esa disciplina implacable, renuncian al sueño reparador y como un resorte se levantan y dejan en una página aquel pensamiento renuente de eternidad.

○●○

HOY que se habla tanto de globalización, se vuelve cada día más superficial y objeto de gran sospecha hablar de soberanía o independencia. Sus equivalentes, según este nuevo concepto, la integración e interdependencia, han tomado su lugar y eso les da derecho, al parecer indiscutible, al director de la orquesta mundial permitir a sus subalternos que, en cualquier aventura interventora, se paseen descaradamente por los territorios ocupados, mancillando el orgullo de los sometidos por la fuerza.

○●○

ACASO EL ODIO, como un sentimiento colectivo desconocido, ha estallado hoy con mayor fuerza que nunca. Viene acompañado de un fanatismo también hasta ahora desconocido. El hombre civilizado ha sido el detonante. En esta ruta llena de peligros, le acompaña el marginado de la mayor parte de los beneficios de nuestra civilización. El que puede ser eliminado a montones porque no llegará a entender, no sólo su posición, sino su poca importancia para el superhombre. Ambos son fanáticos enfrentados. En medio caerán incontables inocentes, víctimas de estos dos extremos. Y lo peor es que no hay quien tenga la autoridad de mediador aceptable por ambas partes. Estamos solos ante este monstruo de mil cabezas.

○ ● ○

La desesperación debería ser una buena consejera, pero es todo lo contrario. Destapa todas las malas intenciones de los adversarios y nos desnuda como seres limitados y egoístas. Lo único que deseamos es su destrucción. No sabemos si total o parcialmente porque no hemos medido hasta donde llega nuestra desesperación. Ella determinará hasta que nivel de ausencia queremos que alcance nuestro adversario, sea ficticio o real. Hay varios tipos de desesperación. La existencial es una de las más crueles. No perdona particularidades. Ataca nuestros centros nerviosos y emocionales, de una manera implacable. Concentra toda nuestra energía en una desazón que bien puede ser imaginaria. Y eso es lo peor.

○ ● ○

Los soldados liberadores de los imperios suelen tomarse muy en serio su papel, suelen extraviarse en los malsanos placeres de la tortura por la tortura misma. Juegan a ser esos pasajeros, pero como "dioses" que se creyeron los dictadores de siempre. Exhiben como piezas de caza los cuerpos sometidos y humillados. Los aterrorizados por sus mentalidades enfermizas.

Después, hay quienes quieren justificarlo en la simple e inútil, despúes de toda gran ventaja: de la ventilación pública. Como si tal cosa borrara el dolor, la humillación y el odio provocado. Pretenden con ello salvarle el pellejo al autor, casi irresponsable y entrenado se supone, para otras tareas más civilizadoras. La cara se le queda larga y acuden a minimizar el hecho con aquello de que "hemos eliminado lo peor", olvidando que también eso fue producto de nuestros afanes civilizadores. Al final, ya lo sabemos por larga experiencia, todo se olvidará y quedará archivado como la mudez en que quedaron los que no creyeron que los seres humanos no fuéramos tan malos con los que se supone son nuestros semejantes.

Su desgracia es habernos desafiado y haber nacido con la riqueza bajo sus pies. A estas alturas, en que ningún tipo de revolución ha triunfado, nos preguntamos si de nuevo ha llegado otra oportunidad al nihilismo. Ya no hay dudas sobre las intenciones de los propulsores de cualquier sistema: prevalecer es lo único que importa. Todo el conjunto, o se amolda a nuestro objetivo o, definitivamente, está contra nosotros. Eso debe quedar claro desde un principio o abstenerse a terminantes y extensas consecuencias. Todavía nos preguntamos sobre la pesadez del velo que nos cubría y el porqué somos los hombres tan limitados para satisfacer, ante todo, nuestra privada seguridad en un entorno cada día más peligroso.

○●○

PRESUMIBLEMENTE INTERESANTE. ¿Adónde van a parar las influencias de los pensamientos de los grandes pensadores de todos los tiempos? No es extraña esta interrogante si nos remitimos a la realidad de hoy. Si bien no se puede afirmar rotundamente que todo el pensamiento dominante proviene de las cloacas morales, en muchos casos, lo generan auténticos representantes de lo más retrógrado. Sin embargo, esto puede tener muchas lecturas.

Puede ser que los retardatarios sean quienes tengan esa visión de sus adversarios, cualesquiera que estos sean. Pero en fin, de lo que se trata, es de una pretensión más: la de establecer a dónde van a parar las reflexiones que individualmente nos estremecen con tal fuerza y resonancia que, al momento de recibir su influjo, ya nos consideramos cambiados y dotados de una luz y poder desconocidos hasta entonces. Si bien esta pertenece a esa categoría de preguntas capitales, hay otra de no menos apostura, aunque nos parezca de signo negativo y es la siguiente: ¿Por qué permanecen tan poco tiempo en nuestro consciente las consecuencias positivas de esos pensamientos extraordinarios? La respuesta tampoco deja de ser tan leve e imprecisa como la anterior. Las limitaciones son evidentes. El esfuerzo puede lucir extravagante, conociéndose esos parámetros.

○●○

LAS ATROCIDADES de cierto tipo de libertadores no tienen ninguna clase de justificación. Sus asqueante acciones liberadoras, no fueron solicitadas. Fueron impuestas. El cinismo de quienes los enviaron, los delata. Han escondido mucho más de lo que, ahora revelado, nos indigna. Claro, el silencio llegará y, como siempre, borrará todo. Abundan las preguntas pero una sola recoge un cierto sentir ¿A qué derecho han invocado para cometer estas atrocidades? ¿Lo justifica el que se haya cometido una barbaridad similar en nuestra casa? Las respuestas tal vez la tiene el silencio. Hasta el silencio está contaminado de complicidad.

Y lo peor, las palabras necesarias, exactas, punzantes, agudas, certeras, no sabemos a qué fiesta se han ido de parranda; no han llegado, junto a nosotros, a lamentar esta maldad sin nombre, esta convocatoria al odio lejano por lo que llamamos nuestro querido estilo de vida. Si ese odio se sigue extendiendo, como el fuego en hierbas secas, no tendremos a quien recurrir para que nos ayude a apagarlo. No sabemos el porqué, pero ciertas imágenes como las del holocausto judío por parte de los nazis, nunca se pueden olvidar.

Hoy, que se recrean no sin cierta saña malintencionada contra un poder ensoberbecido en su prepotencia y arrogancia, imágenes denunciadoras de su oculta crueldad, nos hace recordar que aquello nunca podrá ser totalmente olvidado o perdonado. Tocar este tema se convierte en una especie de pesada caravana de pecados del hombre que ha osado llamarse civilizado en todos los tiempos, cuando se ha llegado a creer que su infamia sustituye la justicia divina con la total aceptación de toda la humanidad expectante.

El tono mismo revela, sin embargo, la impotencia de actuar ahora y no lamentar con un grito lento e interminable, como el sufrimiento que se hará heredar a nuestras víctimas. En este momento no sé si somos victimarios o víctimas. El silencio impuesto, o voluntario de esta pacífica audiencia, nos convierte, sin apelación en los primeros. Lo segundo sólo lo seremos, y en grado ínfimo no importa qué nivel de represión se nos pueda imponer, cuando rompamos precisamente ese silencio cómplice que navega junto a nosotros en esta imperturbable convivencia de autómatas consumidores. La indignación se mantiene como buen tema de discusión de panelistas bien pagados de nuestros medios de comunicación; en conversaciones aisladas de ciudadanos comunes y corrientes que han roto su aceptado silencio de vecinos respetuosos del otro.

Si esto no es una especie de complicidad bochornosa, alguien tendrá que recordárnoslo. El cómo no sería difícil. Los instrumentos para eso existen, sin embargo, la gran pregunta es quién o quiénes. No hay en el mundo de hoy una sola nación, grande o pequeña, que pueda llevar a cabo ese papel. Y no hablemos de personalidades, filósofos, cientistas sociales, intelectuales, escritores, políticos o poetas, que con sus pensamientos, palabras y su moralidad sin mácula, puedan alzar su voz con la suficiente autoridad para condenar estos actos que, también privadamente no se sabe cuántos, lo habrán hecho en nombre de una supuesta autoridad, moral y buenas intenciones hacia su prójimo o su sociedad. Y es que simplemente los cómplices del silencio o de la distracción programada no tienen otras justificaciones. Unos pocos muy atrevidos, lo justifican en un patrioterismo histérico que ronda en una especie de imbecilidad peligrosa. No hay ninguna luz de la razón ni principios que puedan ayudar al esclarecimiento de su caso.

○●○

LLENOS de una ironía infinita, han de encontrarse las almas de los que fueron grandes en el pensamiento y obras trascendentales que legaron al mundo. Deben reírse donde quiera que estén de los manipuladores que continuamos siendo los hombres pese a todo lo que se ha hurgado en todos los rincones de su espíritu, de su ser, de su alma para que haya mayor claridad y serenidad al momento de enjuiciar lo creado. Nos preguntamos si es que, lo actual, lo del momento, le otorga al hombre contemporáneo una autoridad de tal calibre, que nada de lo pasado puede restablecerse o andar por sus fueros sin que él lo decida.

Corremos el riesgo de hablar sólo por lo que observamos y no por lo que no podemos palpar y que, al fin y al cabo, es lo que decide por donde andan las mezquindades de los hombres, y en particular, de los que gobiernan el mundo; pero no hay, de pronto, referentes muy a la mano que nos permitan asegurar que se trata de algo que viene por los entresijos del pensamiento dominante o que simplemente se trata del capricho de alguien que persigue eternidad.

Lo risible para los que ya se han marchado con un fardo de historia bajo sus brazos, es el afán eterno y moralizador que se desprende de quien sólo resume una temporalidad vulgar y mediocre, porque su legado si es que alguno se recogerá, se encuentra manchado de sangre y de las sospechas de no haber sido más que un instrumento para acercar hacia sus dominios ocultos unos beneficios que tampoco serán infinitos, y mucho menos trascendentales.

Siendo así las cosas mortales y perecederas de los hombres de cualquier época, puede uno llegar a concluir que los vivos no somos más que una especie de payasos consentidos de los que se han marchado a una mejor vida o al menos a algún lugar desde donde se vean los inútiles afanes de nuestra vanidad sin nombre. Pero admitámoslo, si bien eso puede ser juzgado como un acto tal vez de ignorancia o ingratitud, no menos condenable es por su atrevimiento, el que alguien lo juzgue así, está entre los vivos y muy entre los que no deciden nada, no pintan nada y se han sepultado junto con la mayoría en una atroz mediocridad.

○●○

DE LEJOS ES MEJOR. Nadie podrá reclamar que nos hemos aprovechado del conocimiento de su intimidad para dar a conocer al público sus espurias acciones. De lejos, desde luego, se pierden muchos detalles, pero no lo alcanza el hedor de los íntimos, quienes también comienzan a renegar de la debida lealtad. Sí, porque lealtad es lo que exige sin pedirlo el presumible líder. Los disidentes de siempre no necesitan conocer las consecuencias, todo el tiempo han vivido al borde de ese abismo. Si cae el líder y otro llega, lo conveniente es ir pausando el verbo, de modo que se vaya renunciando al miedo a una despedida inminente. Habrá despedida, pero será selectiva y en el correr del tiempo.

○ ● ○

NOS ATA el confort, y basta. Una confesión tajante y sin embargo, incompleta. Algo desconocido y más fuerte nos constriñe en este espacio conflictivo, inquieto y rencoroso. ¿Será su calculada belleza? ¿Su insinuado potencial de grandeza? Todo puede ser, pero eso no calma nuestra incertidumbre.

○ ● ○

REALISTAS, ASÍ SOMOS. A eso aspiramos, siempre. Como hasta hace poco, los extremismos, está comprobado, no compensan. Nos arrastran como fuertes corrientes a errores inaceptables; a fanatismos fatales. Preferimos instalarnos en el árido terreno del realismo. Por ahí se irán nuestras penas y alegrías; nuestros afanes y esfuerzos más sinceros.

Desde ahí no se intenta legislar contra nadie; no se le suministran recetas infalibles sobre la felicidad y la prosperidad infinita. Desde ahí podemos decidir cuál es la ruta más conveniente para la generosidad y comprensión que todos tenemos cuando se nos hace ver las aristas siempre peligrosas del pesimista irreductible y la ingenuidad del optimista. La paciencia es una virtud del realista, si en su empeño el trabajo sustituye la mera especulación.

Más, en este momento de radiografiar nuestra realidad presente, no se puede afirmar que el mundo viva precisamente una etapa en que el optimismo y el realismo tengan terreno fértil para su cultivo. Es el pesimismo, generalizado por el inevitable avance del egoísmo de unos cuantos, al que se le ha querido hacer ver como la actitud de una colectividad afectada por el no tan nuevo extremismo del terrorismo. Esos han logrado inocular el temor a todo lo extraño, a lo foráneo, si no ha sido abierto a nuestras solicitudes de apoyo incondicional.

Desde luego, eso no dura por siempre. Pronto se han observado señales de un resquebrajamiento constante. No hay límite para eso, porque como todo en la vida, hay condiciones que se repiten, se planifican y se ejecutan para intentar que no pierdan impulsos los primeros motivos. En esas andamos, con la proyección de imágenes del tipo de brutalidad que nunca aceptaríamos de nuestros enemigos sin que hubiera una reacción de apabullante hostilidad de nuestra parte.

○●○

No SABEMOS POR QUÉ, pero se nos vacía el alma, se nos convierte solamente en lágrimas cuando vemos a un niño indefenso como el que más, presa del hambre y las enfermedades, mientras aquí en este confortable rincón del mundo me sobra más de un pan y un lugar donde él podría estar protegido.

La crueldad de este mundo no es un invento, es una realidad. Pero esos niños son instrumentos en nuestras manos.

Sirven para alimentar burocracias que se contentan con su denuncia y medida asistencial a sus necesidades; sirven para que gobernantes cínicos promuevan cruzadas inútiles contra un mal que ellos han contribuido a crear, a la vez que hace más crítica la situación del mundo. Es la sin razón la que conduce muchos de nuestros actos. Los motivos los inventamos al enfrentarnos al enemigo que también fabricamos. Pudiéramos entregarnos a tareas más constructivas con nuestro propio cuerpo, pero preferimos provocar reacciones de nuestros vecinos.

Nos preocupa, al menos eso dicen, nuestro estilo de vida. La envidia siempre acecha del otro lado de la cerca. Es inconcebible que seamos nosotros los portadores de ese virus. Siempre serán los extraños. Por eso hay que enfrentarlos antes de que intenten penetrar en nuestros sagrados límites. Por eso pensamos que hay tesis absurdas, tal vez, que debemos someter a prueba. Lo único malo es que sería de una crueldad extrema inconcebible.

Pero probemos sólo con la idea. Supongamos que podamos destruir a todos nuestros vecinos y que quedemos como los únicos sobrevivientes. Es decir, todos los demás pueblos a nuestro alrededor han sido destruidos. Sólo nos quedan territorios contaminados, saqueados en fin, un caos. La pregunta que se nos ocurre es: ¿Podrían sobrevivir solos en el mundo? ¿Quién consumiría nuestros excesos mercantiles? ¿Quién admiraría nuestras hazañas, habida cuenta de que su ego se alimenta de ese tipo de admiración sadomasoquista? Ese es el dilema del gran hermano.

○●○

Estamos ante un horrendo regreso de mutilaciones mutuas, propias de nuestros más primigenios instintos de eliminar al enemigo. El dicho aquel se cumple sin vacilación alguna:

"No hagas a otro lo que no quieras que te hagan a ti". Andamos encharcados en todo tipo de venganzas y frustraciones. Por lo mismo, nuestras visiones de un mismo mal siempre serán distintas. Mientras, por un lado, la justificamos como la acción de individuos aislados, descarriados, sin liderazgos, otros piensan que lo justifican nuestras atrocidades y que alguien se toma en sus manos la venganza de los impotentes. Y los hay de ambos lados. Ellos han sido los primeros y... mayoría. A partir de esas premisas ellos reciben su castigo merecido y, si hay venganza de parte de ellos, no es más que fruto de su barbaridad aun no sometida en su totalidad a nuestro consenso, si ese que se impone porque lo decretó nuestro destino.

○●○

ELEGIR ES UN EJERCICIO de estas democracias que excitan nuestros miedos y pasiones, aunque sintamos en distintas ocasiones el deseo de estar a mil años luz del fárrago de insultos y calumnias que las anteceden. Los pueblos solo parecen aprender a despreciar a gobernantes ineptos o corruptos cuando ya es materialmente imposible, a no ser que quieran convertir en un caos sus sobresaltadas sociedades. Pero bien para solucionar nuestros problemas, aun los que son auténticamente sociales, partimos del individualismo y el natural egoísmo para buscar solución a nuestros problemas, los que en el lenguaje lo transferimos hacia una sociedad que preferiríamos sorda. Las horas que preceden ese proceso en un pueblo de débiles tradiciones democráticas son en verdad dramáticas.

El engaño, el fraude, es siempre una salida riesgosa, pero real que se corre en estos ruedos. La ambición de retener el poder, más que la de acceder, empuja al máximo el empleo de todo tipo de bajezas que borren de su mente la inminencia de una salida humillante de esos altares para los que se cree haber sido escogido para la eternidad e omnipotencia. Es casi imposible sentir nauseas provocadas por ese miasma sin nombre que es la política hasta nuestros días. Las bajezas empleadas contra los adversarios no tienen límite alguno. No es que no haya otros temas que tocar. Es posible que abunden. Pero nos sobrecoge, por la contundencia de un rechazo al ensayo simiesco de autoritarismo trasnochado que encarnó un hombre equivocado.

Es cierto que los gobiernos no lo conforman ni forman individuos solos, pero ese principal individuo es el que marca a todos los demás con la impronta de su fracaso o su triunfo. Este caso no fue diferente. Se produce en cualquier país sediento de una cierta armonía y justicia real, que no sabe dónde depositar su confianza sin que al final resulte maltratado. La espera puede aún ser larga y desesperante. El desafío inmenso aún nos espera a todos. A unos, por cumplir con sus prometidas soluciones y a otros, con ver realizadas sus esperanzas.

El pretexto de servir, sobre todo a otros, es el que hace exitosos entre las masas a numerosos politiqueros. Son negociantes de los deseos de justicia ajenos. El suyo sólo tiene un objetivo, pero permanece prudente y suficientemente tan oculto que, nadie se da cuenta de sus intenciones sino cuando ya es difícil objetarle con ventajas. No obstante, en el ejercicio del poder hay una aureola que va más allá del mero poseer, es el placer casi sensual que nos da la sensación de poderlo todo y que todos nos prestan una atención sin condiciones. No es difícil hablar del poder y desde el poder, lo casi imposible es ofrecer resultados exitosos que puedan, al menos, permitirle a sus detentadores intentar repetir ese ciclo.

Saber qué es lo que impulsa al hombre a humillar a otros hombres, es entregarse a una tarea inútil. A todo se le busca una justificación. Falsa o no, siempre perseguirán el poder para justificar esos excesos. Uno de ellos es la creída eterna impunidad del poder; el deducido sometimiento de sus inferiores a su voluntad omnímoda. En fin, lo de siempre, cuando de enfrentamientos entre nuestra especie se trata. La descalificación continua y las presiones acostumbradas son los métodos de supresión paternal a cualquier asomo de supuesta independencia.

Esta es otra constante de la maldad simuladora y cambiante de los que no conciben a otros como dueños de sí mismo y de su destino. Por cierto, esto no es exclusivo de unas naciones contra otras. No, uno de los lugares preferidos es la vida cotidiana, la de aparente normalidad. No se nos exige más que cumplir con su deber y no dejar asomar por ningún lado el rebelde que llevamos dentro, porque en caso de no ser así las consecuencias no tardan en estallar. Un henchido ego se desborda con calificaciones y censuras que van a todo lo largo y ancho del espectro humano. Se evaden los espejos en donde puedan ver sus propias miserias, pero nos los colocan frente a nuestros ojos para que no perdamos de vistas nuestras miserias.

○●○

¡QUÉ BUENO, QUE CIERTAS VOCES de alerta nos lleguen desde lejos, y sobre todo, de quien ignora que existimos! Después de todo, somos mortales. Nadie nos ha escogido para una excelencia prestada. Desde este rincón sujeto de olvido, nos proponemos gritar hasta que lleguen las ofertas que tientan y acallan las disidencias calificadas de caprichosas y vengativas. Vamos a probar los límites de ciertas amistades.

Los desaforados van a exigir, los limitados a lamentarse y los ambiciosos a pedir limpiezas y cuentas por cobrar.

Podría hacernos renunciar con elegancia del intento de escribir. Incluso para dejarlo como un ejercicio para futuro. ¡Y de qué forma lo hace! Con una ironía y elegancia que ya quisiéramos tener para sentir que, tan siquiera por una vez, escribimos algunas líneas con cierta maestría. Pero eso es un sueño y ahí quedará. Mientras tanto, sigámoslo leyendo para tratar de contagiarnos, al menos, de su humor y luminosidad.

La ironía es pan para maestros y no somos, ni siquiera, alumnos de primaria. Es parte de lo malo de llegar tarde a ciertos banquetes de lecturas recomendadas o descubiertas. Por lo pronto, cometimos el sacrilegio, tal vez, de desprendernos de una treintena de libracos que ocupaban un espacio importante en nuestro pequeño rincón y así, incluso, podrían habernos sobrevivido, como las vírgenes, sin ser tocados por hombre alguno.

Los donamos a una biblioteca de un sector poblado en su mayor parte por negros y latinos. Nos los rechazaron con una flema de molestia en la biblioteca de la ciudad mayoritariamente hispana en que vivimos. No tenían espacio, nos dijeron. Mentiras. Recorrimos su amplio local y vimos vacíos en sus anaqueles por dondequiera. Donde finalmente me aceptaron era mucho más pequeña, pero fueron amables ¡ah esos negros tan maltratados! Los percibí amistosos y comprensivos con nuestro poco confiable inglés. Y los aceptaron sin rechistar.

Los políticos que tanto nos saturan con su auto propaganda, terminan defraudándonos ruidosamente. También sus dependientes. Lo hacen para cumplir un compromiso y para darle de comer a algún vivo. No siempre serán sutilezas que podamos soltar sin más, e impresionar. La realidad es un amplio compendio de agridulces propuestas. A ellas consagramos buena parte de nuestra vida, persiguiéndolas, tratando de alcanzarlas. Una vez logrado, tratamos de optar por otras rutas. ¿Quién podría querer más infierno que ese? Seguro que nadie. A lo mejor hay un excéntrico que no hemos contado, que quisiera unirse al club. Esa será su decisión. Nada más importa. Todo lo demás será excrecencia, un error estadístico tal vez. Su impronta se hace sentir.

El tipo es un asesino sutil de inspiraciones. Ya veo claro a donde podrían ir a parar nuestras inspiraciones: a la nada. Eso pasa cuando se descubren tarde ciertos portentos. Es inútil esperarlo antes. No hay capacidad anticipada. Temores sí, siempre los ha habido y nadie quiere admitirlo. Parecen convivir pero al final nos despiden como apestosos a los que nadie acepta en su fiesta por improvisado. ¿Será un simple complejo o la admisión de un gran pecado? No sabemos, ni queremos saberlo. Mejor nos arrepentimos temprano, y después esperamos la cuenta.

Debe ser abultada para los neófitos pero aún así nos divierte en cierto modo. No he visto el cuadrito de salvamento por lo que asumo que todo lo que escriba ha sido protegido por el Dios infinito de la electrónica —debí decir informática—. No importa. De todos modos pocos se fijarán en el error. ¿Qué nos pasa? Nada, que la vida cambia hasta de un segundo a un segundo y todo sigue igual, al menos para el que no se mueve. Hay vida en el planeta vecino y no hay que alarmarse: son iguales que nosotros sólo que no lo sabemos. La vida es amplia y... ambiciosa. No sabemos cómo explicarles, pero fíjense que se repite y se repite en sus mediocridades y brillanteces; por supuesto, estas últimas escasean como el oro en las playas de mar. ¿Alguien las ha visto? Seguro que no, pero es lo que menos importa. Seguir y llegar a no se sabe dónde, porque si después de todo te otorgan responsabilidades y no las cumples debidamente, pregunta: ¿De qué te ha servido eh? Responde, no creo ser un buen intérprete del silencio.

En fin que, terminaremos como todos: listos y servidos. En un hermoso catafalco, y después las ponderaciones nunca pedidas y las lágrimas de los que nunca conocimos y sobre todo nunca nos interesaron para nada. Se nos ocurre de pronto la inutilidad de los esfuerzos, pero bueno tampoco olvido las descargas políticas: debes ser un ejemplo, el mejor de todo y después hablamos. Nunca, ni siquiera ocasionalmente, para decirnos que le debemos un favor. ¡Y no discutas por favor! ¡Es inútil! Tienen y tendrán siempre la razón. Se lo debemos a ellos y todo el mundo tendrá que reconocerlo.

SEIS

DEL TIEMPO. No para definirlo. Es un imposible. No para acapararlo, porque es otro imposible. Es para que nos sirva de auxiliar en la desgracia de la tergiversación del olvido. Cuando queremos que nadie se detenga a examinar ciertas disidencias, coincidimos con el enemigo de dentro y de fuera. Procuran de ese modo, que no nos demos cuenta que la mentira se venía cociendo desde hacía mucho tiempo, frente a nuestras propias narices. Estaba en lo cierto quien disentía al afirmar que aquello no era por lo que se había derramado tanta sangre y padecido tanto dolor.

Era una infamia inaceptable. No se podía admitir tan siquiera como el conflicto inevitable de lo porvenir. La farsa estaba montada sobre la hipocresía de ciertos hombres notables, por los mensajes ambiguos que cultivaban; especialistas en la simulación que mantuvieron una revolución permanente de los sentimientos ingenuos de varias generaciones.

Pero todo pasa. Y ellos han pasado. Lo que no quiere decir que su sustitución sea una generación de ángeles justicieros, a quienes pronto tendrán que reconocerles sus razones. Son astillas del mismo palo. Sólo que ahora han cambiado el traje de fajina por chaquetas y corbatas. Departen amigablemente con los explotadores de turno del otro lado de la cerca.

No hay nada nuevo bajo el sol. Es una nube de confusión la que se posa sobre toda la tierra resentida, maltratada, hastiada de nuestros caprichos de poder a cualquier costo. Como siempre, su irresponsabilidad está siempre justificada con su deber para con la patria que escasea, pero que se reinventa con temores infundados y supuestas agresiones foráneas. Pero, ¿desde cuándo hay naciones suicidas?

○●○

NO HAY PAN SEGURO SIN LIBERTAD. Todo originado en Camus. Con libertad, el pan se encontrará aunque no se garantice. Son como los principios. Para quienes creen que existen y sirven para ser aplicados, nada los suplanta. Sin embargo, para quienes los han perdido o nunca los han tenido, su existencia, o su sola mención, les estorban. Por tanto, a los que intenten ser sus estandartes, hay que desterrarlo lejos, lo más pronto posible, para que no contagien el poder que emerge o que se maneja. Es parte de la pretensión de una vida eterna de los mortales más ridículos de todo cuanto se llama vida y que somos los hombres.

Aunque no se proclame, y ni siquiera se defienda ese sueño, los simples mortales como somos, esperamos que en cualquier momento una revelación divina nos coloque en el trayecto inequívoco que nos conducirá a ese Nirvana de exclusividades. Vemos como a algunos, el gozo que el poder, les produce mediante todos sus excesos, desde los más simples hasta los más extravagantes, una especie de conversión a semidioses en seres que cumplidos en todas sus reales capacidades, no se llegarían a igualar con la más simple y aparentemente insignificante célula de vida. Pero mientras desde el poder se siga subvencionando con clara inconsciencia ese estatus de inamovible servidor eficaz, otras corrientes de aguas más claras y sanas, no podrán aportar lo mejor de sí al bienestar colectivo. Bienestar, que hay que decirlo, puede que nada importe siempre y cuando haya un espacio en donde exhibir obras que deslumbren a los visitantes controlados.

○●○

LECTURAS que contaminan. Pudieran ser todas, pero unas más que otras. El sujeto contaminador es su autor y su contenido. Es al mismo tiempo un des contaminador efectivo. Nos libra de cargas inútiles. Nos sorprende, acariciando lomos que nunca montaremos. Prendiéndonos de buenas intenciones. Para que despertemos hay que darles la bienvenida a estos autores.

Descubierto tarde quizá como suele suceder con mucho de lo mejor, que tenemos que conformarnos con cualquier rincón que nos asignen en ese banquete. Nos invita tranquilo y atrevido a deshacernos de los compromisos sentimentales y compasivos por aquello que sólo viene a ocupar un valioso espacio en nuestra vida. Todo espacio es siempre limitado, por lo que hay que apreciar el que nos ha tocado. Por eso les digo adiós con cierto dolor a los que sé que nunca podré visitar en su sagrado recinto, sin inquietudes. Y tienen que ver sobre todo con el tiempo. Autores hay que nos han hecho odiar nuestra falta de rigor en lo que deben ser nuestras selecciones. El tono luego baja y no se incomoda más de lo necesario.

○●○

HAY que detener el odio, pero ¿cómo? Destruimos las fórmulas salvadoras tan pronto el hombre se da cuenta que se puede convertir en un muro a sus ambiciones y por tanto en algo "rutinario", que termina afectando el desarrollo y, sobre todo, mina el poder. Y el poder, querido amigo, no se puede negociar bajo una premisa tan débil como la de eliminar el odio. Eso sólo puede servir como norte cuando de destruir al adversario se trata. El odio debe ser alimentado con ese propósito, no importa si se trata o no de un falso patriotismo o de que, simplemente, hay un enemigo al cual debemos batir, tiene en él un gran motivo y basta. Por eso hay que arrinconarlo, porque si bien la humanidad vive un gran momento de "paz 'no puede rendirse a las impresiones.

Tiene que profundizar las raíces de la convivencia pacífica y la tolerancia. Sin eso, hasta la más simple unión o matrimonio no es posible. A la paz y no al odio, hay que vincularla cada vez más a toda la realidad del hombre. No puede haberla, si existe aún el hambre de muchos en medio de la abundancia de unos pocos. No puede haberla, si las desigualdades son más notables que lo justo para unos cuantos. Tolerar eso es alimentar a su vez la intolerancia y el odio de los que se consideran injustamente excluidos. Del lado de los acomodados nos podríamos adecuar a la idea de que todo esto es natural e incuestionable, pero desde allá no se entenderán nuestras razones.

Entonces, la obsesión de algunos líderes lindará en un fanatismo sin límites. De la misma forma reaccionarán sus adversarios. Es entonces, cuando el conflicto, desde su mínima expresión, adquiere dimensiones universales que alimentarán las filas de ambos fanatismos. Rápidamente quedan sustituidos otros enfrentamientos decisivos, no sólo entre las sociedades sino entre el hombre y su entorno. Es decir, la naturaleza de la que formamos parte y no terminamos de darnos cuenta. Nuestra responsabilidad es grande, incluso en lo individual, pero preferimos transferir a otros nuestra carga, o aparentemente eso decidimos cuando anulamos nuestro deber de dudar de todo lo que ponga en juego la paz que tanta sangre le ha costado a los que ahora son meros recuerdos. Congelamos nuestro cuestionamiento a lo constituido y luego todo es alimentar reproches a los que no se han adherido a ese proyecto de patrioterismo electoral.

○●○

LAS CARENCIAS SIGUEN DE LEJOS SIN SER VENCIDAS. Es un ejercicio sin aliento, la persecución de algunas órbitas. Órbitas, por lo general, no encima de nosotros sino aquí a nuestro alrededor, a nuestros pies. Ahí tendremos que descansar para volver a retomar el camino. Y no sabemos si es la memoria recordándose a sí misma, la que nos revelaría como aceptables al menos, o todo su arsenal de olvido el que nos encumbre, al menos, hasta nuestra propia conformidad. Recibiendo con resignación los mensajes admonitorios de los que han pasado a ser parte del altar de los consagrados, nos atenemos a nuestras limitaciones como cualquier mortal.

Cierto, de cuando en cuando, la melodía, la nota que inspira proviene de una de esas obras geniales. Todo bajo el influjo de la música puede volverse una especie de proyectil de expulsión de morosidad. Ésta se encuentra siempre anclada en algún rincón de nuestro espíritu. Con su poder no medido en otra clase de fuerzas, nos arrastra a la desidia total, si nos dejamos. Reencontrar esta ruta es, de cuando en cuando, saludable. Pone ciertas alas a nuestras manos, y ya el reto por delante se vuelve un camino más seguro. Como Rafael Cansinos-Asséns, ya nos hemos convencido de que se puede escribir todos los días para sí mismo. No hay peligro de agitación. Luego, ya se verá qué pasa.

LA INDIGNACIÓN no alcanza nunca a ser colectiva, porque el mensaje que la comunica no es siempre una revelación total. Es selectiva, y en eso está su debilidad. La humanidad no ha alcanzado a darse cuenta de los peligros que corremos porque estamos empeñados en ignorar la existencia de la naturaleza, y sobre todo de sus fuerzas. Es más creemos saberlo y aún dominar el odio que desatamos entre los propios componentes de esta humanidad. Nos convence el poderío inmenso de nuestros ejércitos. Tan es así que ignoramos la historia y no tan sólo la muy antigua, sino la muy reciente sobre la caída de los poderosos por culpa de sus propios líderes. No hemos dicho nada nuevo. Todos sospechan lo mismo pero prefieren el silencio como cómplice. Y aquí estamos expectantes, a la espera de una hora terrible que no parece llegar, pero que podría despertarnos con terribles estruendos cualquier día. Este no es precisamente un ejercicio de originalidades. Es cuando mucho, un desahogo cuyos límites no sobrepasan estas líneas de su confesión.

○●○

EL FUTURO. Hay que escuchar a los gobernantes, como intentan burlarse del tiempo y de su propio destino. Los apologistas nos dirán que hablan de su visión y que nada obedece a que ellos, de por sí, esperan escaparse de los designios naturales. Éste es el caso de los que mayor responsabilidad y poder tienen en el mundo, que no paran en su afán de vendernos visiones que nadie está seguro de verlas cumplidas. Hoy que, Ronald Reagan, el actor de *westerns* que llegó a la presidencia de los Estados Unidos, ha muerto. Escuchamos fragmentos de sus discursos, en los cuales para nada previó el fin de sus días antes de la llegada de sus propias visiones. Por lo pronto, sus premociones eran como todas las anteriores, o por llegar: temores imaginados, terrores politizados, y aventuras sólo esquematizadas. Y aquí que la vida, la señora vida, da paso a la muerte y el personaje de fuerte presencia y discursos vigorosos ya no está. Y eso sí, de todo lo que no predicó, pero que si realizó hay más que recuerdos. Hay vidas cambiadas, acciones que nunca serán olvidadas. No fueron meros accidentes. Todo se ejecutó con el propósito de lograr algunas de aquellas previsiones, pero siempre fueron contra constreñidos enemigos, incluso muchos, la mayoría, inventados.

○●○

TODOS ESTAMOS SORDOS, O TRATAMOS DE APARENTARLO. Porque la razón es una zona exclusiva. Ignoramos y abogamos porque no exista la de nuestro vecino, nuestro hermano, nuestro prójimo. Por eso nos lanzamos a ciertas carreras absurdas, convencidos de ser los escogidos para cumplir con esa encomienda de los dioses inexistentes. No hay más momentos de reflexión profunda que la que se produce durante la marcha. En el silencio no sólo desconocemos algún método efectivo de reflexión, sino que rehuimos a la confrontación seria con el pensamiento. Nos atrae como siempre el relumbrón rimado o de ligera, pero aparentemente digerible complejidad. Somos monos de particular impresionabilidad. Hemos delegado en falsos representantes el reconocimiento de nuestra propia aventura, con lo que nadie puede endilgarnos responsabilidad alguna. Ese es un reflejo de nuestra particular sordera.

Y así marchamos, hasta que circunstancias fuera de nuestro control nos sacuden en momentos en que somos indefensas criaturas que demandamos de inmediato la intervención de los usurpadores de nuestra creatividad, que para el caso es igual a libertad. ¿O es que abunda la diversidad de dolores y su búsqueda de expresión, o es que se agotan otro tipo de expresiones cuando se sospecha de su ineficacia para los propósitos del espíritu?

○●○

¿ABUSO DE LA LIBERTAD O FALTA DE EDUCACIÓN? Quién sabe que hay en la naturaleza humana del inmigrante, sobre todo, qué lo lleva a comportarse como si no se hubiese movido de su tierra natal que, como un visitante temporal o permanente, tiene que guardar cierto comportamiento. La realidad dista mucho de eso. Y es que no nos importa el territorio donde nos encontremos, siempre tendremos a manos el argumento de la libertad, la encontrada y la tomada, para hacer lo que nos dé la gana, sobre todo la de contribuir con lo peor de nuestras costumbres para herir como hemos herido antes en nuestro territorio, el solar ajeno.

Y así, muchos nos comportamos como una especie de plaga apocalíptica y peor aún, a todos nos envuelven en el juicio condenatorio. La indiferencia con la cual acogemos las llamadas de advertencia, no hace más que sumar un desprecio larvado que aumenta en la misma medida en que sus propios descarriados aumentan la depredación de su entorno producto de su incontrolable ambición de explotarlo todo y retenerlo todo.

○●○

UNA FRASE con un contexto poco menos que una carrera de obstáculo, se llega a convertir en noticia de primera plana si quien la pronuncia es una figura también de primer plano. El eco de esa expresión tiene el poder de un decreto o una ley votada desde el máximo ejecutivo de una nación o una empresa. Provocará la caída o la subida de la bolsa, según su grado de poder o influencia, pero en un ámbito más reducido y casi desconocido, tendrá enormes repercusiones. Ese el mundo de hoy moldeado y avivado por los medios de comunicación. A su influjo o su falta, nadie puede escapar. Por eso, cada frase hay que pulirla hasta dejarla con las palabras justas. ¿Cuántas? No sabemos. A lo mejor tu propio aliento, al hablar, lo determinará. Pero estás advertido desde hace tiempo: lo abundante no siempre es saludable. Y lo breve "dos veces breve, es lo mejor". No recordamos completa la famosa frase. Es excelente.

○●○

DESUBICADO. Eso es lo que sentimos cuando llegan horas y días en que nada parece cambiar. Es la repetición continúa de una misma imagen, de las mismas palabras, de la misma rutina de levantarnos cansado o descansado, sonriente o preocupado, animado o desanimado, visionario o mediocre. Alguien sugiere respuestas más o menos aceptables, otras no tanto. Sólo la comparación, siempre desigual, con los que visiblemente nos lucen más desgraciados, calma la ansiedad que se siente ante la inutilidad de cualquier esfuerzo por ser feliz o hacer feliz a alguien. Es de esa manera que, su alma y su cuerpo, consiguen vencer el insomnio de quien se siente culpable de algo que desconoce en su totalidad. Así se consigue además esperar con cierta resistencia el próximo ciclo. Nadie desespera por ello hasta que llega y nos trae la novedad de la repetición. Es la contradicción con la que vivimos sin descanso y sin que nadie parezca notarlo, pero ahí está agazapada cada noche y cada día.

Ahora, cuando todo parece fluir fácil, sin más estorbo que tu propia ansiedad, quieres huir satisfecho de haber cumplido con tu deber. Un deber impuesto y voluntario al mismo tiempo. Otra cotidiana contradicción de los mortales más vanidosos que pueblan la Tierra. Nada, que no resistimos que se nos deje solos ante el espejo. Necesitamos mirarnos de reojo, en la creencia de que alguien se ha dado cuenta de nuestra existencia y eso nos hace sentir tranquilos: existimos, nos decimos, y los demás tienen que aceptarnos y basta.

Hay borracheras de tonterías. De las cuales no tenemos ni siquiera idea de su utilidad, pero igual. Si nos deshacemos de ellas, de cualquier manera nos aliviamos de un dolor tal vez inexistente; dolor que tal vez no deje de molestarnos porque, al fin y al cabo, para eso vivimos también. En realidad hablar de uno mismo no tiene más sentido que para quien lo hace buscando una especie de satisfacción que no encuentra en ninguna parte. No puede ni debe esperar nada más. En todo caso, debe asumir su fracaso como ser humano en el sentido de no poder trascender más allá de su propio derredor: mediocre o brillante, da igual. Es limitado y sobre todo soberbio, porque desconoce el real significado de la vanidad.

○●○

GIOVANNI PAPINI, en buena parte de sus textos, recurrió a las Sagradas Escrituras como tema, y no le quedó mal; sobre todo nunca se le agotaron las "inspiraciones" para sus libros. Todavía hoy, con las masivas ediciones de toda clase de libros, la Biblia continúa siendo una fuente inagotable de inspiración. Como carecemos de la calidad para evaluar qué tan bien o tan mal se recurre a ella, nos conformamos con admirarla y escrutar en sus líneas otros secretos prestados por las palabras divinas.

A estas alturas, discutir conmigo o con otros sobre la existencia o no de un Dios es una simple necedad. Que cada cual, conforme a sus debilidades y fortalezas, piense lo que quiera. Reconocemos que el abuso de la libertad, para el mal que hoy hace el hombre, nos hace dudar al menos de un Dios vidente o de humana tolerancia. Ambas especulaciones están equivocadas, y por la inmensidad de las posibles respuestas, opto por el silencio. Como se ve, el arco iris de indignación es amplio y tiene matices tan suaves y desconectados de este título que parece como si nos engañara y, ante todo, con si se hubiera agotado tal sentimiento.

○●○

¿CÓMO APRENDER A PULIR LAS PALABRAS? Cualquier respuesta desde este atrio es pura conjetura, que, por provenir de un aprendiz, puede estar condenada al fracaso. La gran ventaja es que se puede recurrir a los consagrados, y ellos no se sentirían mal de verse convertidos en oráculos para imberbes. Eduardo Galeano, con su prosa ágil como caballo de equitación, con irónico garbo nos dice: "Mi norma es recurrir sólo a palabras que mejoren el silencio". La belleza no está reñida con la verdad, pero es difícil llegar a conciliarlas. No es tarea de un día sino de toda la vida. Y no sin sobresaltos y temores, por las dudas de sí vamos por la ruta indicada o de pronto inesperadamente nos hemos desviado. Por eso, el trabajo de pulir o encontrar las palabras exactas con el propósito que sea, es al mismo tiempo una grata e ingrata tarea.

No se sabe cuándo el manto de lo bueno ha sido descubierto o cuánto nos falta por descubrir. Cuánto podemos encontrar de útil en el exhibicionismo enjundioso o en la consejería de moda. De plano ambas propuestas están asentadas en fórmulas manidas, que tienen, eso sí, la clave indicada para ser objeto de una inversión fanática de partes de los consumidores de ese producto. Así de rotundo es el recuerdo y la verdad que encierra el consejo de un manipulador por excelencia del miedo y el terror, Stephen King: "Si no tiene tiempo para leer, no tendrá el tiempo o las herramientas necesarias para escribir". Preciosas y precisas admoniciones similares han hecho con mayor autoridad Dioses de todas las literaturas.

Escojamos lo que cierta familiaridad obligaría: Alfonso Reyes, Borges, Cortázar, Neruda, Paz, Carpentier, García Márquez, Vargas Llosa, Darío, Vallejo, Cela para quedarnos ahí, asustados como conejos ante los omitidos y por el atrevimiento singular de pronunciar estos contados nombres. Si saltamos los muros de los idiomas encontramos altares en todos que mejor es reverenciar en silencio y postrarnos ante su amor por las palabras, la imaginación y la constancia con la cual supieron anticiparse y cabalgar momentos y lugares donde no puede alcanzar nuestra imaginación vulgar y mediocre. Para todos ellos, domar y alimentarse de palabras fue tarea de toda la vida. El resultado es obvio: son sus obras las que aún leemos. Desde luego, hay injustos olvidos, las más de las veces debidos al indolente tráfico discriminatorio. Como en todo llega el momento para dar cuenta de cuánto hemos aprendido o desaprendido, todo es posible.

Llega el momento de presentar las credenciales de aceptado o de, al menos, haber firmado el contrato para el olvido. También llega el momento en que la selección se impone y el camino recorrido de nuevo hay que recorrerlo para arrojar de él algunas piedras que estorban, limpiarlo de malezas y feos paisajes. Desde luego, hay hierbas malas que eliminaremos momentáneamente y luego resurgirán de cualquier modo, lo que nos obligará a repasar esos lugares de continuo. No se puede evitar que, de momento, la ansiedad se apodere de nosotros y nos conduzca con una rapidez inusual hacia ciertos paisajes, pero nuestra conducta debería ser la del explorador que llega, investiga y se retira prudentemente antes de que caiga el sol, y nos atrape la oscuridad de los prejuicios.

○ ● ○

NADA NI NADIE nos otorga autoridad para juzgar a los demás, y mucho menos para reírnos de ellos. Lo único rígido que hay en esto es el razonamiento en sí mismo. Después, débiles o poderosos, se ríen y se burlan a sus anchas de quien se les antoje y por distintos motivos, lo cual no hay forma de evitar.

El débil lo hará a nuestras espaldas, muy convencidas y satisfechas de sentirse, al menos en ese momento, un ser superior con relación a su víctima. Por el contrario, el poderoso se ríe de los demás, siempre y cuando no sean poderosos como él. Éste puede hacerlo de frente o por detrás y le da igual si su víctima se entera por cuenta de su verdugo o por un tercero.

Sus burlas y sus risas lo lavan no del pecado, sino de cualquier sospecha de sentirse injusto. Dormirá tranquilo al sentirse dueño absoluto de la verdad que lo motiva. Sólo entra en sospecha cuando, por desgracia, y ya tarde, descubre que su víctima, en su aparente debilidad, tiene un arma secreta muy poderosa: la de haberlo oído hablar, reír y burlarse de otros todopoderosos, con los más débiles.

En ese momento descubre que ha caído en su propia trampa y que lo menos que puede esperar es lealtad absoluta. Tendrá entonces que recorrer, a la inversa, su propio camino para darse cuenta que puede ser tarde para enmendar el error o los errores cometidos frente a sus subalternos y que la rueda del castigo proveniente de las alturas, sean estas celestiales o terrenales, puede llegar en cualquier momento.

○●○

LA VOLUNTAD. ¿Habrá dejado de existir? De ella sospechamos que se han apropiado, sólo coyunturalmente, los politiqueros profesionales. Los políticos serios la aplican, aunque casi siempre equivoquen los objetivos. Como de lo que se trata con humildad es de establecer a dónde se ha ido la voluntad, digamos que ya no es una figura retórica siquiera que ayude a los sacerdotes a convencer a sus fieles de la verdad de los evangelios o los salmos.

Se han afiliado sin que sea necesariamente el consenso, al club de las conveniencias momentáneas. Surgen de la necesidad de atender lo más cercano e inmediato. La vida del más allá, la gloria prometida como recompensa de tus buenas acciones, ha quedado relegada a un segundo plano, al menos en muchos de los púlpitos conocidos. Allí, en ese sagrado recinto, sin que nada indique que el compromiso es mayor y que la voluntad procurará convertirse en una fuerza real de cambios, todo es conveniencia para proteger en muchos casos también viejos privilegios que el tiempo ha ido desgastando.

La rotura del viejo orden de cosas los ha colocado a la defensiva, porque corren el riesgo de convertirse en uno más de los que no sólo "claman en el desierto", sino de los que, carentes de cualquier tipo de fuerza moral y espiritual, tienen que mendigar, como todos, una hogaza de pan y un miserable techo para vivir. Así las cosas, como suelen decir los abogados del buen decir, nuestras sociedades en donde la religión, cualquiera que sea, era una autoridad casi incuestionable como factor de poder, hoy no es más que un medio más para el debate inútil y sesgado por intereses tan particulares como los de los individuos y, sólo de cuando en vez, sin trascendencia alguna, un toque de la vieja conciencia que encarnaba la voluntad de Dios para con los hombres sin excepciones. Y hoy estamos más desamparados que nunca y de Dios más necesitados, mucho más necesitados.

○●○

SOLOS, no es posible deshacerse de los imprevistos. Siempre están ahí, al acecho, para pedirnos cuentas sobre nuestra atención. De ellos, no recibimos señales más que cuando los tenemos encima, y entonces hay que darles la cara. Aunque parezca muy divorciado de éste un poco extraño introito, algo tiene que ver con la cultura. Observando desde una ventana una mañana tormentosa, un día de junio para ser exactos: martes 15 del 2004, nos preguntábamos ¿qué es ser culto?

¿Es acaso el versado en todas las ciencias, en todos los idiomas? ¿No será un erudito o políglota simplemente? ¿Y eso, ya de por sí, no lo convierte en una persona culta? ¿Es el viajero impenitente, el conocedor de todas las costumbres de todos los pueblos? ¿Es el informado de todo? Se puede intuir algo más que repeticiones sobre un mismo tema, algo de ingenuidad en estas interrogantes, pero no podemos evitar formulárnoslas, porque en el afán de llegar a serlo podemos agotar toda una vida y no estar seguros, al final del camino, de haber llegado a algún lugar de todo el extenso mundo de la cultura.

Las caóticas lecturas, sobresaltadas cada vez que descubrimos en un autor querido, la cita de otro escritor, poeta, intelectual al que le atribuye cualidades extraordinarias, pero que para uno se convierte en un nuevo descubrimiento, de pronto nos hacen dar cuenta que realmente no sabemos de nada; eso que se llama nuestra cultura está muy limitada. Esto sería así, si por cultos tenemos a los especialistas que nos dejan anonadados con la profundidad de sus conocimientos en un campo específico, aunque de pronto titubeamos ante nuestro juicio apresurado y la del propio sujeto de admiración en ese momento, al descubrir su estulticia más profunda sobre otros conocimientos humanos, y aún acentuamos ese juicio, cuando su ignorancia la manifiesta con un desprecio sobre la inutilidad de conocer ese otro saber particular.

○●○

DE VEZ EN CUANDO, pero tal vez con más frecuencia de lo necesario, los seres humanos necesitamos de un sacudimiento profundo, sea de la naturaleza que sea. Desde luego esto no es aceptado con facilidad por la mayoría de nosotros, porque casi siempre tiene un sino de tragedia y esto de por sí ya concita un total rechazo. Sin embargo, por lo que hemos podido observar, es sólo durante momentos aciagos en lo personal y lo colectivo cuando los seres humanos nos damos cuenta de nuestra fragilidad y de la necesidad, casi inevitable, de la solidaridad con nuestro prójimo. Es cierto que se paga un precio humano invalorable y que las pérdidas materiales condenan a cierto tipo de miseria a los afectados, pero son esas desgracias las que nos hacen recordar nuestra vanidad y la nulidad de las cosas.

SIETE

LA FRAGILIDAD de nuestra memoria conspira contra la adopción total de una idea. Todas vuelan raudas con el olvido. Y ya nada puede impedir que con ellas se vaya también cualquier intento por manipularlas en buenos términos. Se ha marchado a cualquier parte del recóndito misterio de nuestro cerebro. Es seguro que la información sobre este órgano rector del hombre haya aumentado considerablemente, pero de igual forma se puede afirmar que, hoy menos que nunca, el hombre común y corriente sabe menos de él que cualquiera de sus antecesores. Esta aseveración no tiene nada de audaz porque, el que antes la ciencia fuera más limitada y por tanto bajo el dominio de menos personas especializadas, obligaba a la divulgación más o menos pareja de todo lo que podía conocerse.

La simulación en la lucha y la convivencia por la vida es útil a muchos que no desean ser observados como los radicales que en el fondo siguen siendo, a pesar de su trasvase a las filas de los conservadores más ilustrados. Su conducta está regida en el círculo que le ha tocado vivir, por las sonrisas cómplices con los que ha logrado sintonizarse.

○●○

DE NO CUMPLIR con ciertos ritos, por aquello de la rutina, muchos nos sentimos culpables de dejar fuera algo importante, aunque eso no sea algo más que nebulosa. Nos alimentamos de eso. No nos importa conocer los detalles. Estorban para la búsqueda de un objetivo que tampoco ha estado claro. La satisfacción ante todo, precede siempre a la indefinida necesidad de haber alcanzado algo. De pronto en los sueños también nos encontramos recorriendo viejos caminos como si la vida lo fuera.

○●○

MIEDO A LA POBREZA. El resignado puede sobrellevarla de varias maneras, entre ellas la de la tristeza eterna o la alegría de que con su fe tras la muerte, la abundancia le sonreirá. Cuando es impuesta hay otras fuerzas que se contraen para combatirla. Una es la liberación de los motivos que la imponen y la otra es la simulación del juego político llamado democracia. Sus alcances no tienen límites. Juegan a ser revolucionarios por momentos y luego la práctica los convierte en instrumentos de la más sutil represión.

El poder mientras se detenta, nos permite disfrutar de una especie de inmunidad contra el desaliento que la pobreza produce en otros. Les pedimos paciencia a sus víctimas. Pronto terminarán desesperando, y si no pueden encontrar un caudillo solidario con su causa, se alistarán de nuevo en el carro de la simulación. Su exhibición y la defensa militante y públicamente limitada le alimentarán la esperanza de encontrar alivio a sus males. Puede que lo encuentre y lo defenderá a capa y espada. Ahí se vale la frase hecha.

○●○

SI SE LLEGAN a convertir en verdades las opiniones de muchos y autorizados estudiosos de la sociedad humana actual, el hombre en sus propias manos, no tiene un largo y al menos justo porvenir. Esta clase de arquitectos que somos, está lejos de haber construido una sólida base para la convivencia total de la humanidad. El desgarramiento no es sólo entre naciones, razas, o religiones, es entre los individuos y más hondo y doloroso parece ser el de las propias familias. La lealtad es fiel sólo a nuestros apetitos egoístas.

Lo peor es que vemos en ello la justicia más aceptable. A todo lo que el otro pueda aspirar, sea pareja, hermano, nación, raza o religión es ilegítima y debe ser evitado a toda costa por nuestro bien, y a juzgar por la óptica del egoísta con poder, el de toda la humanidad. Por lo que se ve, a las naciones con poder, y la historia lo ha demostrado así, no les está permitido prever qué clase de líderes les conducirá por una senda de justicia y de auto reconocimiento de sus grandes responsabilidades. Lo mismo suele decirse de las naciones pequeñas y débiles, en donde sus propios males son proclives a crear un clima para que surjan mesiánicos conductores de masas que terminan por no saber otra cosa que llevar a confrontaciones fraternales, cuando no extra nacionales..

En medio de todo, surgen por aquí y por allá los que pueden ser percibidos como quejicosos o apocalípticos, porque aunque también se pueda dar la impresión de cierta soberbia o petulancia, no todos logramos entender la brevedad de la vida y por tanto la necesidad de ayudar, al menos, a crear las condiciones para que todos puedan disfrutar lo que de bueno le pueda ofrecer. Que nadie sea excluido de lo que la creatividad permite lograr al hombre, no importa su sociedad u otras distinciones más o menos sutiles o reales, lo que desee. Ese es parte del gran sueño que el egoísmo del hombre se encarga en dificultar para que otros hombres lo alcancen. La esperanza de lograrlo se empeña en no morir, pero hay quienes, desde sus falsos altares de elegidos por su Dios particular, se afanan por hacerla morir para los demás, en el entendido de que protegiendo su ego también se salva la humanidad.

○●○

SÓLO hay que acumular testimonios falsos y verdaderos para impresionar a extraños y cercanos. Igual servirán de algo. Amasada bien esa harina con el aceite de su propia cosecha, no importa si es de rancia mediocridad o de falsas meditaciones, siempre parecerá muy original. Con eso y el dominio no necesariamente absoluto de un determinado número de palabras, y el mínimo conocimiento de cualquier lengua y sus reglas, se puede asegurar el éxito de cualquier tarea por difícil o utópica que nos parezca.

Esto no es exclusivo de los que venden por millonadas sus libros sobre consejería espiritual, sino que abarca incluso las más gravosas responsabilidades del hombre. Si se trata de ser el guía legal, o por esa clase de accidentes propios de los humanos, de una nación, organización o emporio empresarial, sus exageradas decisiones no serán más que breves piezas de escándalo, que la memoria retendrá lo suficiente sólo en la medida en que lo decreta de alguna forma la propia víctima. La sangre que mueve al mundo, el poder y dinero, pueden parar cuando se le antojen los desvaríos de los medios que presumen de independencia.

EL PROBLEMA se estira. No hay forma de solucionarlo si no se conocen las fórmulas. ¡Y son tantas! Que de entrada todos estamos agobiados, de ante mano. Nadie puede adivinar las respuestas. Puede que intente con un buen planteamiento, pero el desarrollo es otro gran escollo. No estamos ante un ejercicio ligero que se puede despachar en un dos por tres. Hilar una o dos posibles respuestas, no es la solución.

El asunto es más espinoso y puede consumirnos toda la vida encontrar la clave perfecta. Se valen las reflexiones como éstas, como pruebas y para sí mismo. Revelarlas es un gran riesgo. Una de las soluciones es volver a empezar desde el lugar donde nos encontremos cuando nos sorprenda la luz negra de la ignorancia. Sí, es una luz negra que da paso casi de inmediato a otra muy blanca y brillante; la del conocimiento que nos ofrece sabiduría, porque ésta es reservada para quien nos revele nuestro pecado. Con uno basta. Es un pecado capital de dimensiones desconocidas, pero abarcador como ninguno. Nos tienta la desesperación. Y no es para menos. Hay una gran acumulación de tareas pendientes que nos esperan. No bien terminamos una, se suman dos o más dificultades junto a sus penas y alegrías.

Una cuenta de nunca acabar como las hipotecas verdaderas. Lo único que nos puede salvar de la pendiente es que nadie nos la impuso. Fue una tarea voluntaria que simplemente no hemos cumplido. Por lo tanto sólo el fracaso puede pasarnos la cuenta. Al resto de los observadores verdaderos o imaginarios no les compete más que disfrutar del espectáculo nada digno, pero con mucho de humano. Y eso es suficiente. Aunque sea un premio de consolación en solitario. No parece haber forma en que dos ojos y un cerebro sean suficientes para abarcar este océano de conocimiento y basura que nos arropa.

El solo hecho de distinguir entre uno y otro ya es una enorme faena. No hay forma de disculparse ante los que casi por instintos saben que el tiempo es muy breve y los compromisos son muchos para abarcarlos todos contra el reloj.

○●○

EL UTILITARISMO no está de moda, pero bien pudiera aplicarse hoy, más que a la moral, a la inteligencia. ¿De qué ha le servido la inteligencia al hombre moderno? La pregunta no es para poner en duda los beneficios que están a la vista de todos. Busca, entre otros objetivos, separar a la versión del hombre moderno, que se ha impuesto por su poder, sobre las otras versiones del hombre que aún existen, sin que haya indicios cabales de ayudar a superar sus condiciones. El poder de la inteligencia es tal que bien puede simular que sus esfuerzos en ese sentido no descansan, que condiciones adversas propias de quienes se resisten a abandonar su estado actual, no permiten alcanzar el objetivo de llevar hasta ellos y convertirlos en sus propios actores de todos los beneficios de la inteligencia.

Eso es patente en los lugares en donde los principales actores de la inteligencia social, los políticos, se empeñan en vendernos espejitos en los cuales únicamente se reflejan sus logros, por lo general siempre efímeros, porque el propio utilitarismo los hace inútiles en poco tiempo. Su trascendencia es momentánea, porque se concentran en la satisfacción, aun dudosa, de atender reclamos políticos y sectoriales, descuidando lo que provocaría reales transformaciones futuras del hombre marginado en un ser actuante y útil a la sociedad por la activación de las fuerzas de su inteligencia.

○●○

Asombra escuchar aún como en el mundo resuenan los ecos de un racismo inconcebible en sociedades consideradas avanzadas. Por lo general, quien levanta teorías en contra de los inmigrantes indefensos por su status y educación, carecen de argumentos inteligentes y apoyados más allá de las consabidas consignas racistas de la superioridad del color de una piel sobre otra. Su seguridad consiste, en determinados momentos, en desconocer su propia historia y la ajena. Hoy la globalización es la contradicción más evidente entre el deseo de todas las naciones de invadir con sus productos las fronteras ajenas y cerrarlas para los consumidores extraños, sobre todo en el caso de las naciones desarrolladas en los que grupos minoritarios, y hasta mayoritarios, procuran protegerse expulsando o reglamentando hasta la saciedad a los extranjeros.

○●○

Entre las indignaciones ajenas que nos molestan, se encuentran la de los hijos renegados. Antes, en la época en que ser "revolucionario" estaba de moda, a esos les llamaban revisionistas. Tal vez, bajo las numerosas y a veces complejas interpretaciones del marxismo, aquel juicio se ajustaba perfectamente, pero cuando se trata de la familia el problema es muy diferente. Se trata de seres sin rastros de haber sido nunca maltratados en el seno de sus familias. Hay que aceptar que se pueden inventar, y les queda bien, toda clase de atropellos para justificar su huida, su conducta, su desvío, pero no podrán, en forma alguna, validar la traición a lo suyo, a lo más íntimo. Si en algún momento eran las carencias materiales y la alegada falta de alas a su libertad, lo que no le dejaban conciliar el sueño, es seguro que ahora la causa de insomnio sean otras, si es que algo de aquella vieja conciencia familiar les queda.

○●○

EMIGRAMOS por el vacío que encuentra el crecimiento caótico de nuestros deseos y ambiciones. Nos resulta asfixiante el solar tan conocido. Todo está bien contado y mal distribuido. En las sombras se esconden tesoros particulares. Los cuales, se presume, son propiedad colectiva y tienen una vida limitada. Alguien los acogerá en su seno como propio. Queda luego un vacío que sólo notarán los que han buscado y quieren volver a esa fuente ya seca y llena de un musgo que también se muere. Desde luego, habrá quien, en su momento, se haya aprovechado más que otro de aquel tesoro. Fue su privilegio y luego también saciaron su sed de los cofres particulares que alguien les ofreció o colectó vía la sustracción de lo que fuera un bien público. Nada que objetar. La carrera ha empezado y no hay otras vías para continuar o retirarse. Por suerte, hay distintos caminos para competir. Entre ellos, la emigración.

Para ser justos, es un refugio o puede serlo, para cobardes, aventureros o de quienes como hemos dicho creen que les falta el aire de otros cielos. Las nuevas realidades descubiertas suelen ser más crueles de lo imaginado, pero no hay vuelta por el viejo camino. La decisión no sólo es cruel; es inevitable. Las dudas, por cierto, se transforman. Ahora adoptan otras tonalidades. Nadie las pone en evidencia, pero se pueden respirar en el aire. Es lo que se siente siempre ante extraños, hasta que comienza el proceso de conocimiento mutuo. Entonces todos acuerdan un nivel de aceptación con sus comprensibles fragilidades. Comienza otra lucha sin testigos. Uno es la víctima y su victimario.

○ ● ○

MONÓLOGO INTERIOR. ¿De qué sirve y para qué? Por lo pronto, para no volverse loco. Sobre todo, si uno es un solitario involuntario. Si, por otras razones, es un solitario voluntario, entonces esta clase de diálogo consigo mismo, es sólo una conversación con el otro que siempre llevamos dentro. Un simulador, por supuesto, como todos. Sirve para muchas otras cosas. En el aire casi viciado del encerramiento del solitario es como una burbuja de oxígeno que le permite respirar e involucrarse con el mundo que la ciencia ha puesto a su alcance. Digamos que la radio, la televisión, y sobre todo, la Internet nos suplen de "conversaciones" más o menos interesantes, según nuestros intereses. En un ser solitario rondan pues, desde lo más sublime hasta lo más humano si es que lo instintivo no le sigue pareciendo tabú. Antes de ir más adelante, es bueno dejar constancia de que quien se sorprende o es sorprendido hablando solo es fácil que lo tilden o se considere loco.

Un juicio ligero, tal vez, porque si pudieran enterarse de la variedad y cambios súbitos en los temas de conversación íntimos, entonces locos estamos todos; pero nos cuesta admitirlo. Lo cual no le resta cierta verdad a esta deducción algo antojadiza. El monólogo interior parece, en fin, una superación del aburrimiento fatal. Ese que nos lleva a inventar peligros o a buscarlos, no sólo para nuestra integridad física, en numerosas ocasiones, sino a crearnos condiciones para otras fatalidades íntimas, no bien fundadas.

No lejos en el tiempo de estos días que corren, leíamos en esos informes alarmistas, pero sin mucho fundamento científico, que los solitarios, por supuesto hombres y mujeres, que los hay por igual en ambos sexos, se enfermaban con mayor frecuencia. Hasta ahí, más o menos, esas conclusiones. Lo que no recuerdo haber leído es si morían por igual más temprano, aunque esa pudiera ser una conclusión lógica, ya que quien suele morir más a menudo es quien ha estado enfermo. Un final más tonto no puede ser.

○●○

TODOS los argumentos son en contra del acto mismo de confesarse a sí mismo o crear mundos imaginarios. Pero pensado en frío, nos preguntamos si acaso alguien tiene derecho a esto. Nadie, por supuesto que nadie. Las academias están para la profundidad y los detalles, y sus miembros para velar por ese cumplimiento, pero no para impedir que quien quiera se lance con sus armas en ristre a embestir fantasmas. Algo de frase hecha hay en todo. Probablemente nadie puede recordarlo todo y mucho menos saberlo todo, por lo que se le cuelan cuando uno menos lo espera. Si se acaba la tinta interior es problema de cada uno, porque el mundo, aunque los idealistas y románticos lo exigen hasta con sangre, no espera tanto de tantos. Somos más el coro de los que pretenden la mano de la simple habilidad lograda, que de gloria eterna. Es casi como deslizarse por la suave pendiente de la compasión por sí mismo. Nada más ridículo.

Estamos, y vuelve de nuevo algo de aquellas frases, dejados a nuestra suerte. La que construimos, nos cueste o no. Construimos la historia de toda una vida para que otros la cuenten, porque mirándonos al espejo descubrimos un status tan normal y corriente que para nosotros en el fondo no valemos ni siquiera un verso mal inspirado y peor escrito.

○●○

EL POETA no es de este mundo. Nos atrevemos a afirmar que nunca lo ha sido. Es un enviado especial como esos corresponsales de guerra, cuya misión muchas veces nadie entiende, pero sin cuya presencia nadie se entera de los detalles especiales de ciertos acontecimientos tan cotidianos, como el vivir, pero que por eso mismo nos suelen parecer tan normales y corrientes. Nadie ha encargado definiciones, son esos pujos profesorales que se nos endilgan más bien por la apostura que por aportes a ese otro mundo de elegidos que, sin duda, son nuestros maestros de la vida.

○●○

DESCUBRIMIENTOS. Siempre los hay muy tardíos, pero eso no evita sorprendernos. Somos animales de curiosidad y sorpresa. Ahora cuando logramos alguna meta, incluso muy vaga e intrascendente, la exclamación se hace muy olímpica y anglosajona: ¡yes! Lo conseguimos y así vamos. Desde luego, otros logros son mucho más discretos. El lamento siempre es triste. En todo caso, se pueden encontrar en un mismo objeto lo curioso y sorprendente. La relectura de libros de nuestra juventud nos sigue revelando mundos nuevos. Alguna solidez o todas nuestras lagunas pueden quedar bien explicadas en esa huida del compromiso con aquellas lecturas.

Las sugerencias parecían imposiciones y eso, por lo general, genera cierto rechazo que puede durar hasta nuestros días. Nos consuela haber descubierto que no hemos dejado de sorprendernos y que reencontrarnos con aquellos viejos libros se convierte en nuevas revelaciones. Cierta indignación nace de no haberlo descubierto antes, porque el tiempo luce ligero y se marcha dejando huellas de dudas.

○●○

POSPOSICIÓN. Tiene la virtud de consolarnos de momento, cuando no damos más para la tarea impuesta. Pretendemos que el deseo se multiplique en un futuro incierto e inmediato, posponiendo nuestro deber. La voluntad se quiebra fácil ante dificultades nimias, pero persistentes. Las que operan sobre el espíritu son las más persistentes. Hay poco que hacer para enfrentarlas, porque nos llegan como esos dolores que, por su intensidad, nos obligan a buscar de inmediato un calmante. La desidia es más intensa que la voluntad de continuar ciertos proyectos. Abarca tu universo. Entonces por sus viejas cañerías escapa todo, pero alguien piensa recoger de nuevo lo desparramado como si eso fuese posible. Lo otro persistente, es ese cierto tipo de esperanza. Nos resistimos a perderla porque es nuestra tabla de salvación.

○●○

CUANDO nos encontramos de frente con el proceso de decadencia, decrepitud inevitable en todo lo que vive, nos enfrentamos a una rutina explicable tal vez, pero siempre con inclinaciones suicidas. Las constantes alusiones a un deterioro inevitable de nuestras facultades nos empujan hacia ese tipo de indeseable manía. Aun cuando es visible el brillo que se escapa pretendemos retener una vitalidad que ya no existe. Todavía nos creemos con derecho a permanecer inmaculados. Nuestro renacer lo asegura nuestra creencia, pero con la misma firmeza se siembra la duda sobre un falso supuesto. No estamos seguros de un gesto tan bondadoso y multitudinario donde las individualidades se perderán porque la gloria está reservada para la fe colectiva.

○●○

EL PODER AJENO, y cuando nos llega multiplicado por las torpezas del poder, nos permite evaluar desde esa perspectiva lamentable el valor del ser humano, de sus excepcionales ejemplares antes enterrados en el anonimato aplastante que también ejerce el poder. Pero las paradojas se nutren también del poder. Si descubrimos ternura y solidaridad en aspectos que forman parte de la vida, solemos atribuirlo a una bondad que no siempre podemos descubrir todos los días entre los que ejercen el poder.

La distorsión y el constante bombardeo sobre nuestros sentidos y nuestro espíritu, ante las carencias materiales y las falacias que se esconden en los supuestos logros, crean dudas que si no crecen se deben más bien a la propia suspicacia que generan los creadores de estos dos pecados de la difusión masiva. No hay ya donde esconderse para defender al menos los ideales que se han salvado de la manipulación, porque representan la suma de bondades y mejores intenciones del hombre para con el hombre, por los que se han sacrificado innumerables seres revolucionarios de todos los tiempos, pero en los que se han colado por igual una cantidad de farsantes que sobreviven porque con el martillo del poder golpean los clavos de modernas esclavitudes y sacan de cuando en cuando los resortes de viejos sometimientos.

○●○

EL APRENDIZAJE no ha sido asignado para ser agotado en determinadas etapas de desarrollo o maduración del hombre. Está ahí para ser recogido durante toda su vida. Lo más fantástico es encontrar que, en la aparente madurez de lo que se cree saber, se vayan descubriendo dentro de su propio limitado mundo, otros que aún cronológicamente más viejos, nos parecerán de una novedad de inestimable valor. Una frase, un razonamiento, una idea, una originalidad de quien menos lo esperábamos, de pronto nos ilumina más de un camino. Se convierten en nuevas rutas de exploración.

El desaliento propio y creciente siempre en las rutinas, desaparece como por arte de magia. El mundo es percibido como un tesoro al que apenas nos hemos asomado para explorarlo. La magia de la vida deja de ser un mero dicho y se revela como lo más hermoso, aun dentro de la temida y aparente monotonía de los días, porque es un desafío que dispara la sangre por remotos rincones de entusiasmo en nuestra mente y nuestro espíritu. Ya no importa tanto lo inmediato como lo porvenir, no porque sea precisamente el caos lo que vaya a reinar, sino porque en su propio desconocimiento es donde reside el atractivo que, como criaturas curiosas y pensantes que somos, siempre hemos buscado. Sólo detenernos a pensar, si recordamos haber imaginado lo que hoy vivimos y vemos, es una extraordinaria y estimulante sensación de que debemos perseguir incansablemente nuestros sueños.

Nada podrá detenerlo, porque como en una carrera de relevos, siempre alguien tomará tu antorcha para proseguir la meta que quieras o sueñes, sea la justicia, o el conocimiento total; o convertir ejercicios de aparente banalidad, en un verdadero experimento de perfección. Uno no puede impedir que al amanecer de cualquier día, la mano que se ha negado a seguir más allá de una tímida y oscura frase, sea en otro amanecer una especie de torrente de palabras, cuestionables si se quiere, pero decidida catarata de sentimientos y observaciones que buscan, con redoblado esfuerzo, un espacio en las páginas en blanco, sin importarles la severidad o indiferencia del juicio futuro, que es el que en definitiva el que cuenta.

Objetamos las repeticiones de los más geniales, ignorando que ha sido esa fórmula y su retención en la mente de quienes bebemos de ellos, lo que habla, digámoslo sin temor, de su gran éxito. Nadie puede ser original manejando más que un puñado de ideas, deseos o ambiciones.

○ ● ○

EL RECONOCIMIENTO. Esa búsqueda casi insolente de que se nos reconozca como personas o como pueblos, cuando no de la obra realizada, es una de las ambiciones más patéticas y risibles que arrastra el hombre y sus sociedades en toda la historia. El que al principio de la historia, los medios de comunicación no existieran, no le ha impedido al ser humano perseguir el reconocimiento por parte de otros de su poder, de su riqueza, de su talento. Está en su sangre, en su instinto, el que así se manifieste, aunque no tardara en reconocer la futilidad y vanidad de su deseo.

Esto así, porque no termina en un hombre, o en una sociedad esa ambición, sino que todas, de distintas formas, en distintos tiempos, dedicará un máximo esfuerzo para esos fines. Como en todo, algunos brillarán más que otros. Dependerá del cubículo escogido o asignado por la historia. Habrá quienes se esforzarán, como lo han hecho algunos sistemas ideológicos, con tratar de alcanzar las más altas cotas de superioridad física y mental, o su armonía; lo cual no sería nada reprochable siempre y cuando con ello no se buscara aplastar al vecino, al extraño. El resultado hoy es aproximado y bastante distinto en algunos aspectos, porque queda reflejado por el desarrollo del propio individuo y la sociedad en la que vive. El tema no se agota nunca. Todo influye y nada queda al margen.

○ ● ○

ARRIBAR siempre tarde a cualquier acontecimiento, de la índole que sea, es engorroso; aún en la intimidad, pues no hay excusas para la ignorancia que levantamos como un muro, porque es más fácil hablar de la oscuridad que no se ha intentado iluminar de algún modo, que explorar, consultar y auxiliarse de los ingenios que siempre tenemos a nuestra mano para escalar el escabroso monte del conocimiento. Platón siempre nos fue respetado en la juventud y en la madurez, porque como pasa con los textos escolares, siempre nos pareció un supremo aburrido al que se nombraba más como pago a una gratitud mal entendida, que por lo que significa en verdad para la civilización intelectual occidental.

Por ahí andan sus textos en abundancia, bien encuadernados, baratos, pero... ignorados por los pocos que acuden a las librerías en busca de novedades digeribles, pero sobre todo, sensacionales. Y así, como una maldición a nuestra ignorancia voluntaria, vamos de siglo en siglo arrastrándola como una pesada cadena invisible, de la que, de vez en cuando, nos damos cuenta que la llevamos cuando algún autor iluminado nos recuerda su existencia y su imborrable e inolvidable trascendencia.

Es, tal vez, el vano intento de emulación lo que, aún relativamente tarde en el tiempo, nos despierta a ese mundo ignoto y fascinante de la filosofía como lo que es y ha sido ese también fugaz, evanescente intento de conocer al ser humano, la razón de su existencia. La lucha, a partir de ese momento, será como siempre, pero con un matiz más presto a la ridiculez ajena, contra el cotidiano cuerpo a cuerpo por la subsistencia. Como ésta, ha sido un hecho siempre marginado y despreciado por lo práctico con que se concibe la existencia, quien hoy lo intente tendrá que enfrentarse al riesgo de roturas y encontronazos de particulares características, porque provendrán de íntimos y ajenos, atentos como siempre a que no se juegue con su supervivencia, sobre todo si ha sido signada por la comodidad y el confort que sólo da la concentración en lo práctico.

Sus observaciones a las preguntas de otros espectadores, irán desde el desdén más absoluto hasta la comprensión más humana; para ellos, de eso se trata, de una desviación de los objetivos más cercanos y alcanzables, hasta las pretensiones comprensibles, pero inalcanzables de quien sabe, porque lo ejercita, que las cuestiones espirituales y de la inteligencia importan muy poco hoy. Paradójicamente, el mundo pide a gritos una orientación por esos caminos, pero la necesidad de satisfacción de nuestras más urgentes necesidades materiales, margina a los que intentan dirigir esos esfuerzos hacia el camino que nuestro inconsciente desea.

La humanidad se adscribe a esta paradoja y continúa como si nada pasara, aunque golpeamos a la naturaleza con una constancia que suena a reto, cuando ya ha sido harto probado que, sus fuerzas desatadas a su suerte, no paran hasta desahogarse, aun cuando ha sido aplastadas una parte importante de sí misma, entre las que se encuentra el hombre. El hombre que no es su director, ni siquiera compañero, sino una parte móvil e inteligente a la que se le supone una responsabilidad para mantener una armonía entre todas las demás, pero que en su soberbia intelectual se ha creído con derecho exclusivo a desafiar a las demás, sin tener ni siquiera un control absoluto de los instrumentos que ha creado para su propia autodestrucción.

En esa lucha por el control de todo, se arrastra y se ridiculiza el esfuerzo por recordarnos que es el continuo cuestionamiento de nuestros pasos en la historia, mediante la filosofía, la que al fin y al cabo marcará con letras de fuego nuestro destino o el desatino en que caemos todos, pero sobre todo aquellos que se han autoproclamado líderes de la humanidad. Nada más por ostentar poderes inimaginables en un mundo civilizado que sopesara razones o des razones para otorgar semejante responsabilidad, sin un mínimo conocimiento del hombre mismo.

○●○

SI NO fuese porque ciertas realidades nos dicen lo contrario, uno estaría tentado a pensar que las naciones —poderosas y débiles—, en el fondo todas son iguales en su egoísmo y sus miserias humanas. Si esto no es así, ¿desde qué óptica se puede explicar que algunas se vean compelidas —con una urgencia casi de vida o muerte, para ellas—, a intervenir y querer desviar el destino, si se quiere de otros pueblos, simple y llanamente, porque no les agrada ni les conviene a sus propios intereses? Ésta es una explicación elemental, que figura en la historia como la Historia de los pueblos, que, a fin de cuenta, no es sino la Historia de la Hegemonía de unas cuantas naciones sobre una gran mayoría.

Desde luego, hay que hacer la salvedad, entre los que dominan hay disputas más o menos constantes donde, como en una carrera de relevos, entran en juego vencido y vencedor. El tiempo que se prolongue tal hegemonía o sometimiento, no tarda más de un par de generaciones; por lo que supone, que el estatus de lo eterno es una utopía más. Las razones de la decadencia de muchos pueblos no siempre la da su probada y constante capacidad de someter a otros pueblos, sino la de sostenerse por sí misma en valores que no sean la mera explotación de un patriotismo basado en el mantenimiento de un estilo de vida, que socavan los auspiciadores de intereses; a los quienes, en definitiva, eso no les interesa para nada.

○ ● ○

HAY algunas cadenas invisibles que se rompen, hay diques que se desbordan y dejan correr agua fresca y alegre como la de arroyos a los que apenas se acercan confiadas las aves, que se bañan lejos de la vista de extraños. Comparten el secreto de ser de utilidad entre sí. Con ciertos sentimientos ocurre igual. Con la sabiduría acumulada por siglos en la literatura universal ocurre algo similar. Una vez uno lo descubre, hasta en superficiales comentarios de muchos sabios contemporáneos, ya no puede escapar a su magia.

Las evaluaciones sobre nuevas adquisiciones serán mucho más exigentes. La concentración se estrecha, se dirige hacia lo fundamental. Si no están a la mano, se buscarán con ahínco donde se encuentren. El tiempo se vuelve fundamental. Aunque no estén claros los objetivos, se buscará esa indefinible satisfacción que produce estar muy cerca de la luz, sin miedo a las sombras y confiado en que nada que no sea la verdadera sabiduría te sorprenderá.

Queda mucho por conocer y crear. Son dos infinitas tareas que, en sí mismas, deben ocupar y satisfacer el tiempo que nos toque vivir. Hay que procurar que el tumulto no oculte el bosque siempre verde y mullido del conocimiento que se esconde en las páginas de quienes consagraron su tiempo a la búsqueda de una perfección imposible, pero mucho más cercana a ella que los magros intentos de los farsantes de todas las épocas. A esos, la historia nos hace el favor con todos y sus errores, de dejarlos al margen de la construcción de la vida de cada pueblo.

Si figuran en sus anales es simplemente para no abandonar su objetivo fundamental de cronistas de su tiempo, pero no entrarán en mayores detalles.

○●○

OCHO

VERGÜENZA deberíamos sentir los que desempeñamos tareas secundarias o marginales en la vida de los medios de comunicación. Se nos echa en cara nuestra, cada día más acentuada ignorancia; incluso de nuestros instrumentos fundamentales de trabajo. La lengua sólo nos interesa en la medida en que nos permite despejar dudas momentáneas, destinadas a clarificar nuestra intención, pero nunca a ampliar o atender las demandas, expuestas o no, de nuestros consumidores-lectores, tele audiencia, radio audiencia. Ellos están ahí para aceptar sin derecho a protestar u objetar lo que les brindamos.

○●○

¿Y DE QUÉ SIRVE UNA INDIGNACIÓN SOLITARIA? Para muy poco, esa la verdad. Bien puede ser motivo de risa o de odio. Alguien puede reírse por razones inteligentes o porque simplemente la indignación ante realidades que no podemos cambiar, es una tontería. Alguien puede odiarnos, porque tal indignación le recuerda que su rencor no tiene siempre todo el terreno fértil para multiplicarse. Le han descubierto el truco de su modus vivendi. Se alimenta de los comentarios graciosos que le llegan a sus oídos, sin saber que quienes así lo hacen procuran tal vez proteger su simulación queriendo ser solidarios más con el gesto que con su conciencia. Esos están convencidos de que hay cierto tipo de odio tan inútil como la indignación voluntaria. El odio que atribuye a un solo motivo el origen de todos sus males y los ajenos, es el preferido para ese tipo de burla soterrada. Los hemos visto: un coro de alabarderos, jugando entre ellos a ser cada cual más ingenioso, en procura de halagar la vanidad siempre presente de quien se juega el pellejo de una manera tan particular.

Hay otros que procuran elevar el volumen de sus imprecaciones contra quienes, en determinado momento, les cobijaron y les alimentaron de tal modo que hoy pueden ser feroces adversarios retóricos. Por alguna razón desconocida no les enseñaron a jugarse la vida en procura de defender lo que quieren. En ese momento la indignación se solivianta de tal modo que, la mudez se convierte en su escudo.

No hay muchas opciones para el indignado, porque en procura de deshacerse por la vía más fácil, los adversarios lo invitan a la deserción, cuando menos. En otros casos, recurren a las insinuaciones delatoras ante los que ensayan ser parte del Gran Hermano. El odio no es una fuerza creadora, pero lo es potencialmente. A diferencia del amor que fluye como una especie de energía llena de imaginación y optimismo ante los retos que nos lanza la vida.

○ ● ○

¿QUÉ CLASE DE VANIDAD es ésta que nos hace creer que alguien escucha nuestras quejas? ¿Acaso no nos damos cuenta de que todo seguirá igual, con nosotros y sin nosotros? Pero somos tercos. No concebimos que el mundo pueda continuar su marcha bien o mal—según se crea—, sin nosotros, sin ti, los tercos solitarios. Sólo cuando este sindicato de extraños individuos se dé cuenta de sus posibilidades cuando pueden unirse, el mundo entonces le tomará en cuenta. Antes, es tan sólo una manera original, tal vez, de perder el tiempo.

Las estadísticas demuestran que hay cifras inconmensurables de este especial tipo de ser humano, pero no se conocen y nada hacen por conocerse. Se abroquelan ya no sólo en el individualismo, que es mucho decir, sino en el anonimato que urgen al encuestador a tomarlo en cuenta so pena de no responder a sus preguntas. Y así andamos por el mundo, protestando contra todo, pero en silencio, en la más absoluta soledad. Esa protesta se puede definir también como indignación estéril. Sin unir sus fuerzas a otros indignados es poco lo que se pueda conseguir. De ahí la vanidad de sus pretensiones de ser tan siquiera oídos, cuando no son más que meros individuos disgregados, a quienes, lo menos que se les puede considerar, es como cierta clase especial de desquiciados.

○●○

¿VIDA PARA GOZAR? No estamos seguros, dado que hoy toda actividad humana está signada por los beneficios; nada puede hacerse con los fines de disfrutar, todo siempre tendrá un costo. Sin embargo, hay goces en la vida que nada cuestan, pero que no son estimados por la mayoría de las generaciones actuales como fuentes de alegría perenne, si se quiere.

Nada cuesta la sonrisa de un niño, la alegría del encuentro con nuestro perro, el abrazo entre los que se aman, la caricia de una madre, el baño de sol en un día de invierno, la brisa fresca en los cálidos veranos, el rítmico sonido del mar, el verdor de las hojas en primavera, el colorido de las flores; aun más de las silvestres que aparentan no tener una mano que las cuide, el encuentro del hermano y del amigo lejano... Nosotros mismos, nos asombramos al descubrir cuánto hay, y aun quedan infinidad de goces sin costo algo alguno. Y sin embargo, en aras de sólo calificar como tales los que nos cuestas tiempo y recursos, los ignoramos voluntariamente. No es válida la frase de que "vale la pena vivir la vida porque está llena de penurias", hay mucho más… Hay que vivirla con sus sorpresas alegres o tristes, porque es su ley y no la nuestra.

Si por el ser humano fuera, seríamos eternos. Pero nada de lo hecho hasta ahora justificaría semejante ambición. ¿Quién podría justificar la vida eterna de los dictadores, asesinos y egoístas? Nadie ni nada, a no ser ellos mismos y sus obras malditas. Al no ser así, debemos dar gracias a la vida, aunque parezca extraño, porque junto a ella exista la muerte. Sin la muerte la vida de seres como esos sería la maldición de muchos otros seres, y nada lo justificaría. La muerte es tan real como la vida, pero siempre los que tardamos en descubrir el lado bello de la vida no encontramos otra opción que lamentar su temprana llegada, también aquellos que creyeron que todo el objetivo era el gozo infinito porque a juzgar por su prisa en ello, la vida es muy corta.

Y cortos pueden ser, al mismo tiempo, el sufrimiento y la alegría; sólo que el primero no goza de la aceptación nuestra, por no creer que forme parte de la vida y del segundo, porque creemos que debe ser todo en la vida.

Por eso, toda obra que se realiza hoy no tiene mucho sentido para el presente, siempre será el futuro quien deba juzgarla, y al hacerlo, encuentra su apología o su condena. Lo mismo para el éxito. En el ahora, será medido por el volumen de su escándalo, pero mañana lo será por lo que tenga de eternidad. Y toda obra tiene algo de eternidad. Unas veces, muy amplia; otras, muy pequeña, pero no por ello menos valiosa para quienes se beneficiaron de la presencia de esa persona o de su obra como tal, cualquiera que haya sido ésta.

○●○

ORTEGA Y GASSET. Misterios de la vida. A él nos acercamos como si se tratara de un tesoro atrayente, y al mismo tiempo, lleno de peligros por las enfermedades de perfección y precisión que emanan de él. Lo peor es que no hay forma de evitarlo. Todo conspira para que caigamos en sus garras de estilista del idioma; de ahí que, salir de ese ambiente, nos provoque un mortal aburrimiento de andar siempre por los mismos caminos. En él se vive en constante estado de exploración y novedad.

Ortega, por suerte, no ha muerto; sigue vivo y sus obras lo atestiguan. Una frase casi hecha, pero ante su magnificencia no hay otros caminos para escoger. Resulta indignante que hoy se le ignore, cuando su actualidad es tan necesaria en un mundo que, incluso traspasando las fronteras de los idiomas, se vive en radical ambiente dominado por la mediocridad. A los que como él, hoy son capaces de penetrar en esta realidad con el bisturí de una brillante inteligencia, se les hace inaccesible a los hambrientos de ese tipo de luz. El ostracismo al que se le ha condenado no tiene nada que ver con las cárceles o torturas, simplemente el mercado los hace de difícil acceso, a estas nuevas víctimas que no encuentran consuelo en el eterno *boom* de los *best sellers*.

¡Qué gusto se daría hoy una inteligencia como la de Ortega destruyendo entuertos y arrojando a la hoguera de su crítica fina y mordaz a tanta mediocridad de este mercado! Ejemplos de los frutos magníficos que estas reglas de juego no nos permiten saborear son hoy George Steiner, Giovanni Sartori, Ryszard Kapuschinski, Savater y otras excepcionales mentalidades que nos salvan de no morir en vida, en esta brutal anonimia que nos azota, sin ignorar a otros grandes —ausentes o presentes—, que sobreviven en los cubículos restringidos de las distintas lenguas y culturas. Este pequeño batallón de luces enfrenta al gran ejército de estulticia con sus penetrantes alertas, para no dejarnos adormecer con la abundante cosecha de intrascendencia convertida en una especie muy dañina de langostas. A Ortega, en su estado actual, les acompañan otros que han dejado igual que él una huella sobre la cual podemos caminar seguros de encontrar tesoros de estimulación y entusiasmo en suficiente cantidad, para satisfacernos en los momentos de mayor flaqueza y desazón.

○●○

LA CREDIBILIDAD. Es considerada muy valiosa sólo en contados entornos de la vida. No se la necesita para todo acto humano. Sin embargo, nuestra sociedad actual le otorga un rango nada despreciable en una gestión que, por sus consecuencias tan profundas y amplias, nadie puede tomar a la ligera. Se trata de los gobiernos, o la gobernabilidad como acuñan los modernos teóricos políticos.

Cuando un gobierno la pierde o no puede justificar qué le ha llevado a perderla, entonces comienza a perderse a sí mismo. La credibilidad perdida es más dramática y dolorosa para quienes la sufren cuando se trata de gobiernos, cuya influencia no se detiene en sus fronteras sino que abarca prácticamente todo el orbe. Éste es uno de esos días en que el ejercicio de confirmación de una intención distinta deriva en la corriente del mentidero cotidiano y no hay forma de que las palabras escapen con otra vida diferente. Toda su energía se vuelca hacia ese objeto tan manido y despreciable, por lo poco que se puede hacer para modificarlo, pero que nos afecta a todos de manera directa e indirecta.

Si el espíritu se llena de estas inquietudes y ocupan los espacios destinados a otras contemplaciones saludables, hay que buscar la forma de evacuarlas a fin de poder limpiar el alma de sus efluvios contaminantes que no dejan un resquicio sin tocar e influenciar. Y es que la historia está llena de estos acontecimientos estremecedores y trepidantes, que nos recargan baterías del odio y el rencor que creíamos haber descargado sobre todo en una juventud que ya no está para esos menesteres. Todos escuchamos el resultado estruendoso de conspiraciones que aspiraban a estremecernos de autenticidad, cuando en realidad era el resultado del odio irracional a que otros puedan encontrar por sí mismos el camino que los conduzca a su propia felicidad y justicia.

○ ● ○

CIERTOS EJERCICIOS en soledad tienen la ventaja de no ser censurados, en primer término, más que por uno mismo. En nuestros sueños nos sorprende el tono admonitorio en las censuras ajenas. Nos vengamos con una elocuencia digna de mejor uso. En donde haya verdadero riesgo para las palabras: en el público. De ahí, nadie se escapa indemne. El enfrentamiento con ciertas realidades deja huellas más o menos profundas. Dado que la soledad es una realidad muy particular, también sobrevivir en ella conlleva un enfrentamiento con características muy singulares. Ensayé, como lo sugiere Rainer María Rilke en una de sus *Cartas a un joven poeta*, preguntarme en soledad si podría vivir sin escribir.

Para ser sincero ante todo conmigo mismo, no pude obtener una respuesta, porque me detenía una emoción inexplicable. Sospecho que pudiera sobrevivir si todo fuera igual antes del día que descubrí, y de eso no ha transcurrido mucho tiempo, lo inexplicablemente seductor y vanidoso que es escribir. Después de ese proceso, todo lo demás se vuelve secundario o al menos orgánicamente prescindible en cierto modo. Sin embargo, hay que admitir que contra esta manía todo parece conspirar para que no se conquiste cierto nivel de plenitud y siempre nos deja insatisfecho no sólo el tiempo, sino su calidad que, al fin y al cabo, tendría que ser lo más importante. Casi al mismo tiempo en que leemos con el típico caos de un ansioso recién llegado a este nuevo mundo, nos toca de cerca otro texto: *El Arco y la Lira* de Octavio Paz, y aunque sospechamos haber visto algunas coincidencias en otros, para nosotros constituye una revelación contundente que este inmortal poeta nos descubra, y subraye que la poesía no sólo es todo lo que el hombre-artista crea, sino que todo arte que vaya más allá de eso, es la verdadera poesía. Y deduce, sin mucho esfuerzo, que entonces el poeta es quien va más allá, detrás de las palabras de uso común o señalizado como si hasta ahí llegara el acto poético del hombre.

○●○

LAS MENTALIDADES aldeanas no deberían tener la posibilidad de acceder a cualquier tipo de poder. Reducen las realidades y la percepción de grandeza y seguridad de las naciones a un *gueto*. Incluso, consideran que, aún en manos sus propias manos, es objeto de envidia y sobre todo de un odio destructivo infinito por parte de otros pueblos y extraños. Así es como ese tipo de falsos Mesías conduce, consciente e inconscientemente, a la destrucción de los pueblos, erosionando todo lo que han construido como valores exportables por sí mismos.

Los pueblos son como los seres humanos, pasan de la inmadurez a la madurez; de la inseguridad en sí mismos a la confianza, pero si tienen la desgracia de que en ese ciclo vital, llegue a su gobierno una de esas mentalidades fanáticas, agresivas y superficiales, que abundan en nuestra fauna política, entonces de igual modo, desde fuera, se percibe una visión decadente y peligrosa al mismo tiempo, porque en ese estado al que se le alimenta con todo ese tipo de temores y elucubraciones, se coloca a la defensiva de inmediato y no conoce más razones que las propias. Para ese entonces los demás son poco menos que traidores. Aislado terminan líderes y pueblos con todo el pregonar que no necesitan de nadie, porque dicen tenerlo todo y por tanto de otros nada le hace falta.

○ ● ○

DE ACUERDO, el sistema es así y así ha de funcionar. Distribuye distintos grados de responsabilidades. El primero en asumir su responsabilidad es usted mismo. Lo demás es de los demás. Vele por sus pagos a tiempo de las mesadas al tío. Ellos están pendientes de ti aunque parezca no importarles. Hay espectadores o indiferentes, ni cuente ni deje de contar con ellos. Ellos también tienen tareas que cumplir. En algo te ayudaran a sentir que puede existir o que definitivamente no hay espacio para ti. Lo tienes que aceptar te guste o no. Encontraste estas reglas de juego y no puedes cambiarlas. Lo puedes intentar. No hay mayores objeciones, pero ahí están para ser cumplidas o... violadas. ¿Quién lo duda? Mira hacia atrás. Verás todo un campo yermo lleno de cadáveres. Y ¿quieres saber de quienes? Pues de los se acogieron a las reglas de juego y de los que las violaron. Desde luego hoy, mañana y siempre encontraremos lo que la gloria ha escogido para sobrevivirle a nuestros restos mortales. Ahí están sus obras. Podemos como siempre, ignorarlas o degustarlas, pero nadie puede evitar que nos sobrevivan o sean enterradas en el olvido.

○●○

EL TIEMPO. No hablamos de largos períodos. Hablemos de un día, porque es lo que realmente marca una época. No importa qué ni a quienes, siempre será algo insólito que recordaremos con alegría o tristeza. Nadie se ocupa de encontrar el o los porqués de estas sorpresas del tiempo. El tiempo es una obsesión de la existencia. Sin él sus realizaciones carecen de sentido. El tiempo, como han dicho otras voces autorizadas por él, es el hombre mismo. Él lo ha inventado y cae bajo su peso. Todo llega a la obsolescencia y es visto como sospechoso de estar de alguna manera corrompido. Algunos que han establecido escuelas de cierto tipo de pensamiento, pueden evadir por un tiempo sus consecuencias, pero nada lo evitará.

Pensamos que el miedo a la elocuencia tiene que existir y regular nuestras intenciones cuando escribimos. Se la puede aceptar no sin suspicacias, cuando está en uso de políticos y vendedores; son sus principales instrumentos de conquista. Es cuando se escribe que sospechamos que más, que mucho, qué decir en el fondo, hay muy poco de significado. Y los trajes llamativos, como la elocuencia, sirven en primer lugar para llamar la atención. Toda clase de espíritus y medianías se sienten atraídos por esa luz y nada les resulta más lleno de excelencias. A partir de entonces, nada más existe. Está deslumbrado y ante ese fenómeno, las sombras de críticas e interrogantes retroceden amenazadas. Los nuevos cortesanos no saben de otras razones y entienden que cualquier cuestionamiento sacude fundamentos equivocados. Pero es al escribir cuando, con verdadera saña, se desliza la elocuencia. Todo es un constante reclamo a la ignorancia atrevida.

○●○

SEQUÍA es la negación de la naturaleza, su venganza silenciosa, su rabia contra el hombre depredador. Es tanto lo que se trata de explicar cuando ocurre, que casi nadie le presta atención. Algo pasa cuando la naturaleza arrastra de un lado a otro del mundo su lamento, pero la soberbia nos hace ignorantes y arrogantes al mismo tiempo. El resultado es ese cuadro de tristeza y huida que vemos cuando nos toca este fenómeno. Pero la sequía no es exclusiva sólo de la naturaleza, también le afecta de cerca al hombre mismo, cualquiera que sea su actividad. Tiene particular resonancia en poetas y escritores.

Los hemos visto y es difícil que puedan ocultar sus efectos. Se manejan con un aparente enojo en todo lo que hacen, con un alejamiento preocupante y una ansiedad al mismo tiempo reflejada en otras actividades. Aún así, ¿Es una parálisis de la inteligencia? ¿Una conspiración de la imaginación? No aspiramos a responder estas preguntas, sino a explorar posibles respuestas, donde no se apodere de nosotros el tono pedante y elocuente del que ya hemos advertido. No será una parálisis de ninguna de esas dos características, pero podemos aceptar que desconocemos cuál es la llave que enciende sus motores. Se puede probar con los sueños.

Esos sueños que, por su inesperado y grotesco desarrollo en nuestra mente, nos despiertan de madrugada o a cualquier hora en que dormitamos, pueden tener su origen en distintos motivos. Uno de ellos ha sido nuestro caso la música. No cualquier música. Mozart, o Wagner no son casualidades musicales. Sombras y luces se dan la mano en esas profundidades insondables. El silencio, un paisaje pueden dar motivos a otros sueños un tanto perturbadores. Incluso frases olvidadas puedan darnos un mazazo a nuestra imaginación. Con sólo tocarla de cualquiera manera, la "loca de la casa" arranca y parará cuando lo desees. No siempre es fácil encontrarle un "lobby" a la imaginación en la monotonía de nuestra vida cotidiana que va de aquí para allá como si una cadena invisible nos atara a una piedra invisible pero pesada. Y allá, en los sueños se desatarán las batallas en que nuestras angustias y gozos serán las victimas pautadas.

○●○

EL MUNDO no es tan minúsculo como nuestro cuerpo o nuestra mente. Es mucho más. Incluso medios artificiales como una enciclopedia electrónica —es lo que tenemos a mano—, nos permiten ir más allá de nuestras preocupaciones. Sé que se mezcla con otras apreciaciones pero, ¿qué nos queda? ¿Callar o seguir? No, no hay que callarse, porque incluso esto es un mero ejercicio, pero ejercicio al fin, que nos permite mantener un tanto despierto el hábito de no dejar escapar una oportunidad de manifestar nuestro parecer, incluso a nosotros mismos. Que valga o no, ya se sabrá. Habrá tiempo para el juicio. Siempre hay tiempo para enjuiciar todo lo ajeno. Nos consta, en eso caemos cada vez que nos desviamos por el camino de la rutina.

El resultado de la exploración por el mundo un tanto artificial de las computadoras nos permite remitirnos la senda que vamos dejando detrás con nuestro arrollador paso destructor y constructor al mismo tiempo. Es por eso que nos preguntamos: ¿Quién nos autoriza a destruir el coro de aves que nacieron junto a nosotros y nos alegraban la vida? Creo que la simpleza de la pregunta no le quita validez a la inquietud. Bueno, la respuesta la sondearé en mí mismo, puesto que no tengo más interlocutor que el espejo de silencio en que me encuentro. Somos eternos violadores de leyes. Nadie está a salvo de una condena, con excepción de los que todavía son niños. Sólo ellos tienen derecho a preguntar qué hemos hecho de ese paraíso porque le hemos prohibido disfrutar como ellos de eso.

Pero esta respuesta cae en oídos equivocados. Los que más destruyen nuestra naturaleza, nunca escuchan, nunca han escuchado. No les interesa que algo, con tan poco argumentos para defenderse a sí mismo, pueda existir o dejar de existir. Si el conquistador por excelencia que es el hombre, pregunta por aquí y discute por allí consigo mismo es cuando él puede darle alguna beligerancia, aunque sea para ganar tiempo y preparar de nuevo su contraofensiva de progreso por encima de cualquier obstáculo.

○●○

LOS OBJETOS Y NOSOTROS. Siempre parece que quisiéramos extender cierto tipo de placer en ellos. Apostamos a resguardar una cierta felicidad que nos vende sin arrugas la publicidad. Cuando no era éste su caso, estaba el marco de las historias personales —no importa si exitosas o no—, que proyectaban los caprichos o excentricidades gastados por ellos, y con esos objetos pasaron a la historia. ¿Acaso se olvida el cayado de Moisés, el habano de Churchill, el anillo imperial de los césares romanos? Es decir ellos son, en cierto modo, esos objetos y estos, a su vez, no serían más que uno entre ellos, si no fueran posesiones preciadas de tales personajes.

Hoy la modernidad nos regala una extensa variedad de objetos entre los que podemos escoger —tantos como podamos— para depositar en ellos una porción de felicidad y placer a los que podremos recurrir cuando entramos en déficit de ambos estados, sentimientos o circunstancias. No hay mayores discusiones; si se trata o no de una trampa de nuestras sociedades, es fácil verificar que lo parecen. Debemos admitir que siempre ha sido así. El grado de confianza depositada por el hombre en los objetos para garantizar su placer o su felicidad, sin importarle brevedad o trascendencia, no tiene un tiempo determinado, ni grado de desarrollo. Aún las más primitivas, lo han considerado así... pero, ¿qué digo? Esto no es una novedad para nadie, sólo lo consigno como un ejercicio más de algo que procuramos dejar, más como constancia de ello, que de cátedra para nadie que no seamos nosotros mismos. Con todo y lo poco que nos gusta esta última expresión.

○●○

¿POR QUÉ los rasgueos de una guitarra tienen ese dejo a polvo y lejanía, de historia y abandono? Oírla nos hace como un reclamo a tiempos pasados, como si lo conociéramos. Provoca, en fin, nostalgias de todo. Es como un reclamo para que recordemos que la vida está llena de encantos y escollos, al mismo tiempo. Que nada es eterno y que lo que contará, a fin de cuentas, es el pasado que se construye cada día.

Nadie, desde luego, tendrá derecho a supervisar, ni mucho menos gozar el legado de su propio pasado, pero otros, los suyos, quizás, lo sufrirán o lo gozarán según lo heredado. Y esto lo descubrimos por lo general, en días sin propósitos definidos. Se empieza con dudas, como siempre, pero en esa ocasión probablemente, con mayores aprensiones sobre el presente y los días por venir, mientras ignoramos que se escribe más o menos lúcida una historia personal que nadie puede evitar. Esta será la que cuente en definitiva.

EXILIADOS. Estamos todos de modos absolutamente diferentes. Se encuentran coincidencias en abundancia, pero no significan más que eso, similitudes. Uno entre tantos exilios es el de uno mismo. Nos exiliamos de nosotros en busca del yo que pretendemos ser. Rechazamos el actual por inoperante de acuerdo a nuestra interpretación. Pueden intervenir los extraños en ese juicio y no podemos más que convenir en silencio, que tiene razón: es un individuo inacabado, una obra por venir, un pozo de posibilidades. En esa huida dejamos atrás más que huellas.

Dejamos amores truncos también, sueños muy vigilados sobre nosotros mismos a pleno día. Los detalles sobran; los motivos y las justificaciones pueden ser infinitos. Son aceptables las digresiones, porque los demás tipos de exilios se comportan de manera bastante interesantes para el enriquecimiento de sus descripciones. Nuestra propia mediocridad engreída, por los pretendidos alcances obtenidos, nos vuelve hostiles hasta contra nuestra propia imagen.

PAUSA

LA VIDA ES CAMINAR. Es transitar de un punto cero a un punto x. Escribir es como caminar. Siempre se comienza con una palabra, una frase, una oración a la que vienen otras en su auxilio para darles sentido, para que no se pierdan en el desierto hueco de un folio infinito.

Todo tiene, de igual manera, un comienzo y un final. Ambos pueden tener todos los matices de la vida misma. Buenos y malos. Nada está excluido. El universo vive encerrado en ese ciclo finito e infinito de todas las posibilidades.

De igual, modo hay metas. Unas, muy definidas. Otras, como una nebulosa. Como si se ascendiera por una montaña, cuyo camino se encuentra lleno no sólo de hierbas, sino de neblinas multicolores. A alguna se llega, aunque parezca que todo se nos confunde.

Hay mucho por andar aun, pero hay que darle aires a los pulmones, descanso no mucho tal vez a las manos para que puedan seguir haciendo o tocando la música de la que precisa nuestro espíritu, para que no se acomode ante tantas barbaridades humanas.

Y así, en este caso tan preciso de esta apretujada turba de desahogos, llegamos a un final, no definitivo sino necesario para seguir explorando, aprendiendo y tratando de entender hacia dónde va esta humanidad inquieta, auto maltratada, endiosada y prepotente; al menos la que nos ha tocado conocer y vivir un tiempo suficiente para saber que todo no puede ser así, aunque las apariencias nos engañen.

Esta primera edición de *El dolor ajeno y otros resabios* de **Arturo López Rosario**, está disponible desde los primeros días de enero del año 2010, edición y cuidado de *mediaIsla editores, ltd - miami, fl*
mediaisla@gmail.com

www.ingramcontent.com/pod-product-compliance
Lightning Source LLC
Chambersburg PA
CBHW061303280526
45784CB00002B/881